Em busca do bem-estar emocional

# Em busca do bem-estar emocional

*Quando a psicologia e a espiritualidade caminham juntas*

## ESTHER CARRENHO

MUNDO CRISTÃO

Copyright © 2024 por Esther Carrenho

Todos os direitos reservados e protegidos pela Lei 9.610, de 19/02/1998.

É expressamente proibida a reprodução total ou parcial deste livro, por quaisquer meios (eletrônicos, mecânicos, fotográficos, gravação e outros), sem prévia autorização, por escrito, da editora.

Os textos das referências bíblicas foram extraídos da *Nova Versão Transformadora* (NVT), da Tyndale House Foundation, salvo indicação específica.

*Edição*
Silvia Justino
Guilherme H. Lorenzetti

*Revisão*
Guilherme H. Lorenzetti

*Produção*
Felipe Marques

*Diagramação*
Gabrielli Casseta

*Colaboração*
Ana Luiza Ferreira

*Capa*
Jonatas Belan

*CIP-Brasil. Catalogação na publicação*
*Sindicato Nacional dos Editores de Livros, RJ*

C31e

Carrenho, Esther, 1947-
Em busca do bem-estar emocional : quando a psicologia e a espiritualidade caminham juntas / Esther Carrenho. - 1. ed. - São Paulo : Mundo Cristão, 2024.
160 p.

ISBN 978-65-5988-371-4

1. Espiritualidade. 2. Psicologia e religião - Cristianismo. 3. Autorrealização - Aspectos religiosos - Cristianismo. I. Título.

24-94770
CDD: 248.482
CDU: 27-584

*Meri Gleice Rodrigues de Souza - Bibliotecária - CRB-7/6439*

*Categoria:* Espiritualidade
1ª edição: novembro de 2024

Publicado no Brasil com todos os direitos reservados por:

Editora Mundo Cristão
Rua Antônio Carlos Tacconi, 69
São Paulo, SP, Brasil
CEP 04810-020
Telefone: (11) 2127-4147
www.mundocristao.com.br

# Sumário

Prefácio     9
Introdução     11

  1. O que é saúde mental?     13
  2. Benefícios de uma boa saúde mental     21
  3. Fragilidades que ameaçam a saúde mental     37
  4. Elementos externos que podem afetar a saúde mental     49
  5. Desconexões emocionais     65
  6. Sofrimento emocional e mental de personagens bíblicos     77
  7. Como Cristo lidou com os próprios sentimentos     89
  8. Prevenção do adoecimento mental     95
  9. O papel da espiritualidade na saúde mental     105
10. O papel do descanso na saúde mental     125
11. Saúde mental dos líderes religiosos     137

Conclusão     151
Agradecimentos     153
Bibliografia     155
Sobre a autora     157

*Às pessoas que se dispõem a mergulhar para dentro de si mesmas e a conhecer de perto suas sombras e suas luzes; sua faceta caída e seu lado criado à imagem e semelhança de Deus. Àqueles que desejam viver uma vida integrada entre o emocional e o racional, submetendo seus pensamentos ao coração e avaliando seus sentimentos à luz da percepção e da razão. Pessoas que querem agir e se comportar de forma firme, mas não violenta; de forma sincera, mas não com grosseria. Aos que desejam se expressar, mas também ouvir e respeitar o outro. Enfim, a todos aqueles em busca do bem-estar físico, mental e espiritual.*

## Prefácio

Cresci numa família simples em que o hábito da leitura chegou um pouco "tarde". Por gerações, a forma predileta para educar foi por meio do senso comum, com o uso recorrente de ditados populares. Um desses ditados era repetido com muita frequência: "o que os olhos não veem, o coração não sente". Seu uso, na maioria das vezes, tinha a intenção de relativizar alguma dor, de mudar nosso foco, mas acabou fazendo muito mais do que isso. Aos poucos, fui ensinado que a realidade não vista por alguns poderia (ou deveria?) ser desconsiderada.

Embora os adultos da família não pudessem — ou não desejassem — ver algumas dimensões da realidade, eu sabia que ela era mais ampla, pois o que eu sentia era muito real, mesmo quando não encontrava as palavras para expressar aquilo que "não era visto". A vida foi passando, e passei a olhar para mim com os olhos dos outros; aquele olhar que não via o que não podia ser visto. Isso me levou a negar uma parte importante da minha realidade, uma desconexão que trouxe consequências emocionais, físicas e espirituais; tornou-se um estilo de vida, quer dizer, de "não vida".

A oportunidade de estabelecer relações sadias mudou minha história. Percebi nas pessoas o interesse genuíno por aquilo que "os olhos não viam" em minha vida. Assim, um novo desafio foi estabelecido: o da integração de todo meu ser. Apoiado por amigos, iniciei um processo de aprendizado que me conduziu a um conceito mais amplo de bem-estar no qual a saúde mental tem importância fundamental. Aprendi que a falta de atenção a nossos sentimentos pode nos levar a edificar muros que, em vez de proteger, privam-nos de uma boa relação com as pessoas e com nós mesmos. Melhor seria edificar pontes, vínculos que nos permitiriam crescer e ajudar no crescimento de outros.

Entre as relações pessoais significativas que tenho o privilégio de desfrutar, a amizade com a Esther está entre as que mais estimo. Lembro-me do carinho com que ela me ouviu diante de uma questão crucial: "Esther, acho que soube ser pai de crianças, mas admito que não sei ser pai de adultos!". Sua escuta atenta e suas palavras de sabedoria —mesmo quando usava ditos populares — me ajudaram a transformar "muros emocionais" em pontes, algo que alterou a qualidade de minhas relações, sobretudo a experiência da paternidade.

Ao ler este livro, revivi aquela experiência transformadora que brota do contato com palavras nascidas na escuta atenta, palavras que encontram o caminho do nosso coração. Neste livro você terá um encontro com a sabedoria, fruto de uma vida modelada pela Escritura e atenta às realidades "não visíveis" da vida. Será convidado a fazer uma caminhada ao lado da fé e da psicologia cujo destino é o bem-estar emocional.

Como teria sido bom se as gerações que me antecederam tivessem lido livros como este. Mas como meus ancestrais sempre diziam: "nunca é tarde para aprender e para recomeçar!". Minha oração é que essa leitura o ajude a estar bem ao longo de toda jornada.

Ziel J.O. Machado<br>
Pastor da Igreja Metodista Livre, em São Paulo, e<br>
vice-reitor do Seminário Teológico Servo de Cristo.

# Introdução

O projeto de escrever um livro que abordasse a importância da saúde mental e dos meios para ser saudável emocionalmente nasceu em 2019. Eu me senti bem empolgada à medida que o livro nascia. Talvez porque eu mesma já quase sucumbi ao adoecimento mental. No entanto, com o interesse genuíno e amoroso de algumas pessoas, com o auxílio da ciência e, principalmente, com a percepção que tive — e ainda tenho — do amor restaurador de Deus em Jesus de Nazaré, o adoecimento não aconteceu. Pelo contrário, me fortaleci emocionalmente e me tornei uma profissional em psicoterapia.

Em 2020, a pandemia da Covid-19 chegou entocando muitos dentro de casa e paralisando quase todo o trabalho em muitos setores da vida, dificultando, inclusive, o processo de produção literária. Mas, se há um tempo ótimo em que uma sociedade pode avaliar e perceber seu nível de saúde mental, esse é exatamente o de uma pandemia, com suas situações inesperadas, mudanças e tantas perdas.

Nos anos de pandemia, pudemos ver de perto quanto a pessoa fortalecida mentalmente não só teve mais recursos para passar pelo deserto desesperador da Covid-19 como, após a tempestade, pôde enxergar novos caminhos e novas formas de dar continuidade à vida.

Este livro se propõe a abrir caminho ao entendimento do que é saúde mental e como ela pode facilitar a vida pessoal e relacional no dia a dia. Menciona também o que é preciso para construir uma boa saúde mental, apontando recursos e fontes para a reconstrução, caso a pessoa não tenha recebido ou conseguido o necessário para não adoecer.

Em Cristo Jesus temos a promessa de que, aconteça o que acontecer, ele caminha conosco, atestando-nos de que somos valiosos e amados. Com a certeza dessa companhia, que transcende nossos problemas, podemos nos fortalecer cada vez mais tanto mental quanto emocionalmente.

Bom proveito na leitura.

# 1
# O que é saúde mental?

A preocupação com a saúde mental tem se intensificado. Cada vez mais reconhecemos que esse é um requisito importante para o desenvolvimento do potencial humano e necessário aos relacionamentos interpessoais saudáveis, seja no âmbito familiar, profissional, e até mesmo na forma como nos relacionamos com nós mesmos.

A Organização Mundial da Saúde não apresenta uma definição oficial de saúde mental, ou saúde emocional, como essa área também é denominada por muitos autores e estudiosos. Contudo, ela pode ser definida como a capacidade de um indivíduo em administrar a própria vida e as emoções dentro de um amplo espectro de variações sem, contudo, perder o valor do real e do precioso.

Em 2014, foi criada no Brasil a campanha denominada *Janeiro branco*, com a proposta de focar o valor da manutenção, da construção e do cuidado com a saúde mental.[1] Desde então, esse movimento vem se concentrando, ano a ano, na atenção e nos cuidados para a prevenção do adoecimento mental.

A chamada saúde mental, na verdade, não está relacionada com a ausência de alguma enfermidade, antes indica a capacidade de acolher, reconhecer e lidar de forma não violenta com os próprios sentimentos, com os pensamentos e com o

---

[1] Para saber mais sobre essa campanha, acesse o site do Instituto Janeiro Branco: <https://janeirobranco.com.br/>.

comportamento. Tem a ver com a capacidade de administrar a vida, não só nos momentos em que tudo funciona bem, mas, principalmente, nas situações doloridas, desastrosas, traumáticas e de perdas. Trata-se de um requisito fundamental para que o ser humano tenha consciência, autoaceitação, e para que desenvolva e coloque em prática suas virtudes e habilidades específicas, percebendo e aproveitando todas as possibilidades e recursos disponíveis, independentemente da situação.

Ser mentalmente saudável também não significa ausência de choro, tristeza, desânimo, medo nem de qualquer outro sentimento desconfortável. Uma pessoa mentalmente saudável é capaz de vivenciar sua realidade, seja ela de alegria ou tristeza, de prazer ou sofrimento, de vibração pelas novas conquistas ou de frustração pelos sonhos não realizados. Significa um viver integrado, em que razão e emoção se conectam. É viver por inteiro, e o simples ato de viver é pautado por angústias e perplexidades, não raro frequentes. Mas até em meio — e paralelamente — ao sofrimento podemos perceber e experimentar situações e eventos de gratidão e contentamento.

Desde o nascimento, a vida está repleta de finais e começos, de chegadas e partidas, de ganhos e perdas, de conquistas e frustrações. Até a natureza é assim. O pôr do sol indica o fim do dia, mas também traz revelações nas luzes e penumbras do começo da noite. No outono, as árvores perdem as folhas, que, envelhecidas e amareladas, caem para dar oportunidade aos novos rebentos, concedendo assim um renovado toque de beleza à natureza.

Quando nascemos, perdemos o conforto e o aconchego do útero materno e, com o respirar espontâneo, iniciamos o processo de autonomia e independência necessários para viver bem. O nascer é carregado de desconforto. No parto normal, a falta do suprimento fornecido pela placenta leva o bebê a ser expulso do corpo materno. E o caminho de saída não é fácil. O bebê precisa lutar e se esforçar para ver e viver o clima externo. Mesmo o bebê nascido por procedimentos cirúrgicos, como as cesarianas, experimenta não só a necessidade da respiração autônoma, mas também a mudança brusca de ambiente — ao deixar a temperatura confortável e adequada proporcionada pelo corpo da mãe, o recém-nascido passa a experimentar a temperatura externa, que nem sempre é agradável.

E assim a vida continua. Despedimo-nos da infância para adentrar a adolescência; da adolescência para a juventude; da juventude para a vida adulta; da vida de solteiro para a vida em parceria conjugal; da vida livre sem filhos para a vida sem muito controle de horários a fim de suprir as necessidades decorrentes da chegada dos filhos, dependentes, vulneráveis e carentes da proteção e do cuidado dos pais. Muitos se despedem da vida de casado para voltar a estar sós, seja pelo divórcio ou pela morte do cônjuge, uma readaptação que pode ser ainda mais custosa. Também nos despedimos da vida de adulto para o envelhecimento, que traz muitas limitações e desconforto físico.

Ao longo dessas transições, enfrentamos as tragédias, os acidentes, as epidemias e pandemias que atingem a muitos. Todos esses eventos podem nos impactar com caos e desorganização, desestruturando o caminhar rotineiro do dia a dia. E em todas essas mudanças, há ganhos e perdas, como ocorre em tudo que termina e recomeça na vida.

A saúde mental não impede o choro e a dor pela perda definitiva de bens materiais, animais de estimação e de pessoas queridas; ela não nos protege das dores e da elaboração do luto. Entretanto, quando somos saudáveis mentalmente temos mais recursos para lidar no dia a dia com a ausência e para retomar a vida pessoal e relacional, seja com pessoas que estão próximas seja com as que dependem de nós de alguma forma. Podemos até nos entristecer e lamentar as situações de frustração e decepção, mas acabamos conseguindo reaver a capacidade de nos alegrar e de desfrutar do que é agradável e prazeroso, ou seja, daquilo que permanece disponível a nós. Quando estamos mentalmente bem, até podemos sentir medo do desconhecido, mas avaliamos a realidade à luz das circunstâncias e, então, decidimos se é necessário proteger-nos e precaver-nos para ir adiante. Se o temor se mostrar maior que os possíveis perigos, sem negá-lo e conscientes dos riscos, seremos capazes de enfrentar o novo.

Quando o choro e a tristeza se originam de fatos verdadeiramente desencadeadores de sofrimento (como a morte de um familiar, a perda repentina de um emprego etc.), eles acontecem no lugar certo e no momento adequado. Não se trata de doença. Ao contrário, é justamente quando nos permitimos experimentar sentimentos adequados às situações vividas que nos liberamos mais rapidamente a fim de, sem adoecer, darmos continuidade à vida, ainda que algumas mudanças ou adaptações sejam necessárias. Saúde mental nos capacita a viver tanto as situações prazerosas, como as doloridas, ambas próprias da vida e, portanto, está relacionada com a autoconsciência e com a adequada percepção da realidade circundante, uma vez que só aquele capaz de enxergar a si mesmo e a vida com seus caminhos pode detectar o que deve ser abandonado e, com criatividade, encontrar ou construir um novo jeito de caminhar.

Quando falamos da integração entre razão e emoção, encontramos bons exemplos nas histórias de personagens bíblicos. Nessas narrativas não há negação ou dissimulação dos momentos doloridos, nem das desordens de seus personagens. As Escrituras nos convidam à integridade, uma das características da saúde mental. Ser inteiro é uma exigência para aquele que deseja levar a sério os ensinamentos bíblicos. "O homem torna-se inteiro quando não é mais fragmentado em suas contradições [...] e integra tudo o que há dentro." [2] Dessa maneira, a Bíblia nos incentiva a prestarmos atenção a nós mesmos — e quando a visão da realidade interna e pessoal é clara, todo o corpo é sadio.

Os Evangelhos, que relatam a vida de Cristo, seus discursos e seus feitos, nos convidam a olhar para dentro. Em algumas situações, dirigindo-se principalmente aos religiosos e conhecedores profundos da tradição judaica, Jesus, usando a ilustração de louça suja, faz um alerta sobre as cisões neles mesmos e sobre as que eles viviam.

> Que aflição os espera, mestres da lei e fariseus! Hipócritas! Têm o cuidado de limpar a parte exterior do copo e do prato, enquanto o interior está imundo, cheio de ganância e falta de domínio próprio. Fariseus cegos! Lavem primeiro o interior do copo e do prato, e o exterior também ficará limpo.
>
> Mateus 23.25-26

A esses ouvintes, Jesus ainda dispensa um tratamento um tanto quanto duro e pesado ao compará-los com sepulturas: vistosas por fora, mas que não passam de um repositório de corpos deteriorados (Mt 23.27-28).

---

[2] Anselm Grün, *O ser fragmentado: Da cisão à integração* (São Paulo: Ideias e Letras, 2013), p. 43.

A busca e a prática da saúde mental podem ajudar no desenvolvimento de uma visão apropriada de si próprio, capacitando-nos a perceber tanto as áreas e os aspectos admiráveis e adequados como os disfuncionais e carentes de intervenção, mudança e crescimento. Em suma, quando lançamos mão e tiramos proveito de recursos capazes de promover saúde mental, construímos meios para viver melhor em todos os sentidos.

Biblicamente, um bom exemplo de saúde mental é o de Paulo de Tarso. Primeiro, porque em determinada altura de sua vida ele se dá conta de que sua prática religiosa poderia ser diferente.[3] Segundo, porque não teme ir adiante com a crença cristã, que entendeu ser melhor para si, mesmo ciente da perseguição de que seria alvo e do risco de perder a própria vida (2Co 11.23-27). Paulo, assim, deixa o judaísmo e se torna seguidor dos ensinos de Cristo Jesus. Mais ainda. Além de seguidor, torna-se divulgador do evangelho de nosso Senhor, atendendo ao chamado de levar as boas-novas a todos.

Mudanças assim requerem muita saúde mental, principalmente no caso de Paulo, que, como esperado, passou a ser perseguido de forma violenta tanto pelos líderes do judaísmo como pelos romanos. Além disso, seu histórico como um ferrenho perseguidor dos cristãos poderia despertar um sentimento de desconfiança quanto a sua nova crença entre os que já praticavam a fé cristã.[4]

Quando lemos a última carta que ele escreveu, destinada a Timóteo e já no final da vida, vemos a clareza de seus sentimen-

---

[3] A dramática conversão de Paulo é relatada em Atos 9.1-19.
[4] É bom lembrar que Paulo, que antes se chamava Saulo, esteve presente na condenação, apedrejamento e morte de Estêvão, o primeiro mártir do cristianismo (At 8.1).

tos e de sua percepção da realidade. Ele se vê sozinho e abandonado, uma vez que muitos o haviam deixado (2Tm 1.15). Paulo sabia que em Roma, onde se encontrava preso, as temperaturas no inverno iminente costumavam cair abaixo de zero, congelando tudo. O calabouço, com certeza e muito em breve, se tornaria um local frio e úmido, quase inóspito. Além disso, o apóstolo tinha consciência de que poderia ser condenado à morte por Nero, que se revelara não só um psicopata no poder mas um inimigo violento e feroz dos cristãos. Mesmo reconhecendo que sua partida — isto é, sua morte — estava próxima, ele ainda estava vivo e, por isso, faz dois pedidos a Timóteo: a capa para se proteger do inverno e os pergaminhos para ler e gastar melhor seu tempo (2Tm 4.13).

Nas atitudes de Paulo, é possível observar claramente quanto sua fé em Deus lhe concedeu força e o sustentou nesse momento tão difícil de solidão, abandono, condenação injusta e consciência da aproximação da própria finitude. Ele olha para o que Deus já tinha feito em sua vida e se enche de esperança, crendo que terá a presença divina em toda e qualquer situação, mesmo na morte. E, de fato, sua segunda carta ao jovem Timóteo foi sua última correspondência. Nem sabemos se Timóteo conseguiu chegar a tempo com a capa e os pergaminhos. É possível que Paulo tenha sido executado por ordem de Nero antes de receber o que havia pedido.

Dessa última carta — em que o apóstolo relata o pressentimento do final da vida, os sentimentos de abandono, a esperança e a crença na presença do Todo-poderoso e faz seus últimos pedidos —, podemos concluir que Paulo desfrutava dos benefícios de uma boa saúde mental.

# 2
# Benefícios de uma boa saúde mental

A vida — com seus altos e baixos, certezas e incertezas, ganhos e perdas —pode ser bem mais leve quando não estamos adoecidos mentalmente. Tanto os relacionamentos familiares, religiosos e sociais como o enfrentamento de dificuldades e o desfrutar das várias fases da própria vida são enriquecidos e se tornam mais frutíferos quando cultivamos e fortalecemos a saúde mental.

Vários aspectos inerentes à vida e necessários ao ser humano podem ser mais bem administrados, vivenciados e até usufruídos quando temos uma saúde mental adequada. Vejamos alguns deles.

## Comunicação

Necessária e fundamental em todos os relacionamentos, a comunicação é também uma das áreas mais difíceis de se obter sucesso. Posso dizer que o aprendizado e o crescimento nessa arte são tarefa para a vida toda, e em todos os sentidos. No entanto, considero que aqueles mentalmente saudáveis são os que melhor conseguem desempenhar e praticar a boa comunicação.

As Escrituras trazem um alerta constante e claro sobre como nos comunicamos, aliás, esse é um dos assuntos mais mencionados no livro de Provérbios.[1] Há alguns anos, resolvi

---

[1] Veja alguns exemplos: "Os comentários de algumas pessoas ferem, mas as palavras dos sábios trazem cura" (12.18); "Palavras suaves são árvore de vida, mas a língua enganosa esmaga o espírito" (15.4) e "Cuide da língua e fique de boca fechada, e você não se meterá em apuros" (21.23).

colorir esse livro de acordo com o assunto e fiquei surpresa ao perceber que a cor que mais se sobressaía era justamente a escolhida para destacar os trechos relativos à importância da comunicação.

Provérbios, escrito em sua maior parte pelo rei Salomão, deixa claro quanto dano uma pessoa pode causar a si mesma ao fazer mau uso da fala na comunicação, podendo até abreviar a vida (13.3). Mostra como a raiva e a depressão podem ser despertadas no interlocutor, chegando ao ponto de afirmar que a comunicação verbal pode ser responsável por fortalecer a vida de uma pessoa ou contribuir para sua morte (18.21).

A história da rainha Ester é outro bom exemplo de alguém que aplicou, de forma eficiente, recursos mentais à comunicação em situações difíceis. Casada com o rei Xerxes, Ester — uma judia exilada na Pérsia — soube por seu tio, Mardoqueu, que o rei tinha assinado um decreto autorizando o extermínio de todos os israelitas residentes como cativos no país. Em um primeiro momento, Ester não tinha opção alguma de ser ouvida pelo rei, nem mesmo de se apresentar na presença dele. De acordo com o protocolo real, o rei só recebia aqueles que haviam sido convidados por ele — e desobedecer essa ordem poderia ser fatal:

> Todos os oficiais do rei, e até mesmo o povo das províncias, sabem que qualquer pessoa que se apresenta diante do rei no pátio interno sem ter sido convidada está condenada a morrer, a menos que o rei lhe estenda seu cetro de ouro.
>
> Ester 4.11

No entanto, após um tempo de silêncio, reflexão, jejum e, provavelmente, de oração, Ester resolveu correr o risco e dirigiu-se ao local onde o rei se encontrava. Ele a recebeu amistosamente e quis saber a razão de sua presença. Ester, contudo, não esclareceu seu real desejo nessa primeira oportunidade, antes convidou o rei e seu assessor, Hamã, para um jantar especial. Durante o banquete, ao ser indagada pelo rei sobre seu real desejo, ela o convidou para um segundo jantar. (É fácil perceber que essa manobra intensificou a curiosidade e o anseio do rei em saber o que ela teria a lhe dizer.)

No segundo banquete, ao ser indagada pelo rei, ela menciona o documento que ele havia assinado autorizando o assassinato do seu povo. O rei se surpreende com a notícia e, mesmo sendo um tempo em que o rei possuía grande poder, um decreto persa, uma vez assinado, não podia ser revogado. Mesmo assim, providências foram tomadas e os judeus, o povo de Ester, foram preservados.

Não é difícil entender o plano de Ester até o momento de ser ouvida. Primeiro, ela passou três dias em jejum e em oração. Segundo, apresentou-se ao rei e ofereceu-lhe um jantar especial, um pretexto para convidá-lo a um segundo banquete, deixando clara sua intenção de falar no tempo e no ambiente adequados. Terceiro, Ester não começou seu pedido acusando ou criticando o rei por ter assinado o decreto, ela apenas mencionou o prejuízo que isso acarretaria a seu povo. Finalmente, quando o rei, ouvindo com atenção e curiosidade, e indignado questiona a razão disso, ela aponta Hamã, seu principal assessor, como o principal articulador e responsável por essa manobra política.

Se, no primeiro encontro com o rei, Ester lhe tivesse dito o que de fato desejava, ela provavelmente teria sido morta antes da hora e teríamos tido o primeiro genocídio do povo judeu na história. Penso que Ester, mesmo órfã e cativa, havia construído uma boa saúde mental e sabia da importância não só de ouvir, mas de fazer o melhor para ser ouvida (Et 4—6).

A importância da boa comunicação se estende por toda a Escritura. No Novo Testamento, Tiago ordena aos cristãos que estejam prontos a ouvir e ainda reforça quão desastroso pode ser o ato de responder antes de ouvir (Tg 1.19). A boa comunicação requer uma boa escuta a fim de que possamos elaborar a melhor resposta para cada ocasião. A expressão *Shemá Israel*, que aparece no Antigo Testamento (Dt 6.4), significa "Ouve, ó Israel!". O *Shemá* é considerado a declaração fundamental de fé de Israel e, de certa forma, é repetida várias vezes por Jesus em seus sermões, como uma forma de enfatizar o que havia dito, ou o que estava prestes a dizer: "Quem é capaz de ouvir, ouça com atenção!" (Mt 11.15; 13.9; Mc 4.23; Lc 8.8). O convite de Jesus é para que seus ouvintes vão além da capacidade física do órgão auditivo e de fato ouçam, compreendam, o que está sendo dito.

Somos chamados a escutar mais do que apenas ouvir com o órgão auditivo, a prestar atenção e a concentrar-nos no que está sendo comunicado. Os profissionais que trabalham na área de ajuda e aconselhamento, como psicólogos e pastores, precisam de treinamento para ouvir atentamente, inclusive com os olhos. Por meio da visão, podemos "ouvir" o que o semblante e a expressão corporal de nosso interlocutor comunicam. Vou mais longe. Afirmo que é necessário desenvolver a escuta com o coração, ou seja, receber, acolher e processar, sem julgamento ou qualquer conotação de avaliação moral, a comunicação que nos chega num primeiro momento.

É interessante observar a história de Jó, narrada no Antigo Testamento. Diante do sofrimento intenso e desesperador de Jó, seus amigos não souberam ouvir atentamente, em vez disso despejaram sentenciamentos que, embora se tratassem de verdades, não se aplicavam a Jó e foram ditos fora de hora. O resultado é que, em vez de aliviar o sofrimento de Jó, eles o acentuaram: "Até quando vocês vão me atormentar? Até quando vão me esmagar com suas palavras? Dez vezes já me insultaram; deveriam se envergonhar de me tratar tão mal" (Jó 19.2-3).

É importante esclarecer que escutar de modo adequado não significa necessariamente apresentar alguma resposta. Quando penso nos amigos de Jó, que em um primeiro momento foram acolhedores e permaneceram sete dias em silêncio, creio que deveriam ter mantido essa postura. Talvez a única fala adequada para Jó fosse: "Amigo, estou perplexo. Não sei o que lhe dizer e nem o que fazer. Mas posso ficar com você. Também não entendo o que lhe está acontecendo, mas quero que saiba que posso ficar a seu lado até que seu sofrimento seja amenizado". Embora escutar de maneira adequada também não signifique que uma resposta deva ser manifestada verbalmente, sempre precisamos estar dispostos a refletir sobre o que ouvimos e, se houver uma resposta, ela será revelada no momento certo e de modo adequado.

Rosana havia terminado o namoro, perdido o emprego e estava sendo acusada injustamente por uma colega de profissão.[2] No primeiro atendimento, ela me disse: "Estou no chão... Pior, estou em um buraco no chão". Escutei com muita atenção sua fala e vi que seu semblante e sua postura estavam realmente direcionados para o chão. Silenciei por alguns segundos, e pensei: *Ela não precisa que eu lhe ensine como sair do chão. O que ela precisa é de companhia, de alguém que consiga ficar*

---

[2] Em todos os casos mencionados pela autora ao longo do livro, os nomes foram alterados, bem como certos detalhes da história contada por cada paciente.

*a seu lado*. Então eu lhe disse: "Ok. Eu aguento ficar no buraco do chão com você". E silenciei. Rosana começou a chorar e respondeu: "Que bom. Todos os outros ficaram me dizendo como eu deveria sair desse buraco. Eu sei como sair, mas neste momento estou paralisada, não consigo. Agradeço sua presença e companhia". E permanecemos em silêncio por algum tempo.

À medida que as semanas passaram, fui vendo Rosana se movimentar emocionalmente para sair, pouco a pouco, do buraco. Devagar, ela foi se fortalecendo e retomando a vida, deixando para trás o que havia acabado: o namoro e o emprego. Enquanto voltava a perceber seu potencial verdadeiro e suas novas possibilidades, foi se encaminhando para as novas aquisições.[3]

O silêncio é capaz de dar espaço à reflexão, permitindo que a comunicação seja produtiva e fértil. No silêncio podemos nos ouvir e até compreender melhor o silêncio de quem está conosco. Aquele que se percebe emocionalmente e reúne recursos para gerenciar adequadamente o que sente com certeza conseguirá silenciar, se for o melhor, ou se expressar bem verbalmente, se necessário.

Toda e qualquer fala deve sempre partir dos pensamentos, das percepções e dos sentimentos que afloram em nós, sem qualificar, adjetivar ou responsabilizar o outro. Os sentimentos que nos surgem nas mais variadas situações da vida estão altamente relacionados com a própria vivência e com experiências boas ou doloridas que enfrentamos. Eles estão relacionados com o cuidado, o amor e a aprovação que deveríamos ter recebido na vida, mas que não recebemos, e com as violências, verbais, emocionais e físicas pelas quais passamos.

---

[3] Na psicologia, "aquisição" é a capacidade de um indivíduo obter novos conhecimentos.

Uma saúde mental adequada nos capacita a perceber e a expressar a própria dor, mas também nos permite praticar a escuta amorosa quando ouvimos relatos de dor. Os amigos de Jó não sabiam disso e, depois do silêncio, iniciaram um falatório na tentativa de mostrar que algo deveria estar errado na vida de Jó. A atitude e as falas deles foram tão insanas que Deus só os aceitou novamente depois que ofereceram sacrifícios para serem perdoados e depois que Jó intercedeu por eles (Jó 42.7-9).

Há muitos casos de falas insanas, como, por exemplo, quando culpamos o outro por sentimentos desconfortáveis. Menciono aqui a fala inadequada de um pai, que vou chamar de Carlos. Temeroso, inseguro e vulnerável após ter caído em um golpe financeiro, sentiu-se ofendido pelo jovem filho, que nada fez ou disse enquanto o pai procurava a polícia. Quando o filho se aproximou, ele explodiu, gritando: "Você é um indiferente! Pessoas frias como você serão excluídas pelos outros. Você não terá nenhum amigo". No calor dos acontecimentos, o filho discutiu com o pai, acusando-o de ser ingênuo e tolo por ter caído no golpe. Depois emudeceu e se isolou em seu quarto.

O pai, dando-se conta de que sua fala não fora a melhor, resolveu aprender a se comunicar de forma mais eficiente. Perguntei-lhe o que ele achava que o filho responderia se a fala fosse mais ou menos assim: "Filho, eu me senti muito só e desamparado. Fiquei com medo de realmente perder parte do dinheiro que tenho guardado. Fico com muita raiva quando me vejo sozinho e sem apoio". Ele pensou um pouco, arregalou os olhos e disse que o filho talvez respondesse que não se tratava de indiferença, mas que não sabia como ajudar. Deve ter achado que, se permanecesse calado, sem dar palpites, já estaria ajudando muito. Em outras palavras, Carlos percebeu que o filho também não sabia como resolver a situação.

Esse exercício de olhar para os próprios sentimentos ajudou Carlos a lembrar que, na infância, seu pai e sua mãe nunca o protegeram em situações de vulnerabilidade e medo. Quando sentia medo do escuro, de ir sozinho à escola e até de apanhar dos colegas, a mãe o ignorava e o pai, além de não o ouvir, o chamava de molenga e o deixava sozinho, o que o fazia sentir-se desesperado. Ficou claro que o desespero emocional se fazia presente em situações de risco ou perigo. Agora, contudo, ele é adulto e, diferentemente de quando era criança, é capaz de se defender e se proteger. Na verdade, Carlos não precisava da intervenção do filho, que ainda é menor de idade. Sempre que um sentimento se manifesta exageradamente é importante avaliar e se perguntar: Em que outras situações da vida já me senti assim? O que a realidade atual tem a ver com o que já passou? Tenho mais recursos para lidar com isso agora? A autoavaliação pode ajudar na conscientização de que somos capazes de enfrentar as próprias dificuldades e os próprios medos nas muitas situações da vida adulta. Carlos se dispôs a melhorar seu jeito de se comunicar e decidiu que, ao chegar em casa, chamaria o filho para um lanche e pediria desculpas por ter gritado e por tê-lo julgado. Decidiu também contar ao filho sua descoberta sobre os desamparos e as inseguranças experimentados na infância.

A diferença das falas — dele como pai e minha como alguém que emite uma sugestão — está justamente no foco e no que queremos comunicar em uma situação de conflito e desajuste. Quando dirigimos o foco para os próprios sentimentos, protegemo-nos de causar ofensas e de fazer julgamentos. Simplesmente expomos nossa necessidade e vulnerabilidade, o que nem sempre é fácil. O incrível é que, ao lançar mão dessa prática, temos mais condições de avaliar melhor a correlação entre o que sentimos e o que estamos experimentando verdadeiramente e também deixamos de culpar o outro. Embora haja situações e ambientes em que não existe espaço para expressar o que sentimos, a identificação do que sentimos pode funcionar como um meio de proteger-nos de um comportamento capaz de trazer prejuízos para nós e para outros.

É importante conhecer, identificar e expressar os sentimentos — sem excluir o que pensamos e percebemos em nós mesmos — antes de avaliarmos o que fazer e de julgarmos o comportamento do outro.[4] É claro que isso não garante que todo processo de intercomunicação será bem-sucedido, uma vez que o sucesso também depende da pessoa com quem estamos interagindo. Mas com certeza trata-se de uma prática capaz de evitar a violência na comunicação e no comportamento, além de ser apropriada para qualquer situação, especialmente nas conflituosas.

A comunicação que se aprofunda até o nível dos sentimentos, contudo, não é simples. Requer esforço e empenho para abandonar o nível mais fácil e alcançar o mais profundo, revelando verdades a nosso respeito. Li pela primeira vez a respeito dos níveis de comunicação em um livro de John Powell, intitulado *Por que tenho medo de lhe dizer quem sou?*[5] Conhecer esses níveis me ajudou muito em meu próprio processo de melhorar a comunicação. O primeiro nível trata da comunicação do trivial no dia a dia: O que comprar? Que hora sair? Que hora jantar? Trata-se da maneira como nos comunicamos

---

[4] Marshall B. Rosemberg, *Comunicação não violenta: Técnicas para aprimorar relacionamentos pessoais e profissionais* (São Paulo: Ágora, 2021).
[5] John Powell, *Por que tenho medo de lhe dizer quem sou?* (Belo Horizonte: Crescer, 1985).

na rotina da casa e da vida. O segundo nível atém-se aos fatos ocorridos e às notícias relatadas. A comunicação gira em torno dos noticiários de TV, redes sociais e rádio. O terceiro vai um pouco além: como expressar desejos, pensamentos e opiniões. Aqui já existe o risco de contestação do ouvinte, uma vez que valores, ideias, crenças e opiniões são revelados.

Mais profundo, no quarto e último nível expressam-se os sentimentos, como medo, ansiedade, ciúme, vergonha, raiva, frustração, tristeza, impotência, rejeição e desvalorização. É, em última análise, a segurança para corajosamente falar a verdade interna, que muda de pessoa para pessoa. Alcançar esse tipo de comunicação requer uma boa dose de amor-próprio, além da capacidade de aceitar com olhar bondoso o que faz parte do próprio ser humano, mesmo quando se trate de percepções e sentimentos mutáveis. Pessoas mentalmente saudáveis estão aptas e terão mais facilidade para conseguir uma comunicação saudável, não violenta, assertiva e empática.

### Empatia

A empatia está relacionada com a capacidade de nos conectarmos não só com nosso próprio sentimento mas também com o do outro, principalmente com aqueles doloridos. Mesmo que não estejamos sofrendo, podemos ser capazes de sentir a mesma dor daquele que, de fato, sofreu algum tipo de dano. Essa conexão é possível: podemos sofrer com aquele que sofre e, de alguma forma, proporcionar alívio e conforto ao outro. Empatia é sair de nós mesmos, sem deixar de ser quem somos, e sentir com a pessoa seu sofrimento. Na empatia, caminhamos com uma pessoa no trilho de seu desconforto. Vamos pelo caminho da dor alheia, sem nos perder em nosso caminho.

Muitas pessoas confundem empatia com simpatia; acredito que um exemplo concreto possa nos ajudar a elucidar esse equívoco. Certa vez, presenciei em uma reunião familiar um diálogo que ilustra as três formas de responder ao sofrimento de alguém. Um adolescente, que vou chamar de Antônio, estava muito triste porque a namorada havia colocado um ponto final no namoro. Na reunião, havia pessoas da idade dele, da idade de seus pais e alguns na idade de serem avós. Um adolescente disse: "Larga de ser besta rapaz! Ficar sofrendo por causa de namorada!? É muita idiotice!". Essa é uma resposta tipicamente crítica e antipática. Revela como a pessoa vê o rompimento do namoro e que possivelmente o entende como um sofrimento desnecessário — o foco dessa resposta está no que o falante acredita, e não no sofrimento do outro.

Já um tio de Antônio disse: "Não precisa ficar triste. Logo você arruma outra namorada e tudo bem. Aliás, eu conheço uma garota linda que fica muito bem ao seu lado e acho que você vai gostar muito dela. Eu posso apresentá-la a você". Podemos dizer que essa resposta é simpática. A pessoa enxerga a realidade da vida e deseja que o outro também a enxergue — o foco está na solução, e não no sofrimento de Antônio. A avó de Antônio, contudo, puxou o neto de lado e lhe disse: "Puxa vida! Nem sei se consigo imaginar como você está sofrendo. Mas sei que é horrível ser deixado por alguém que a gente ama. É como se ficássemos sem chão. Se você quiser conversar estou pronta para ouvi-lo quando quiser. Conte comigo". E abraçou o neto, que se entregou ao acolhimento da avó. Isso é empatia. O foco da avó foi no sofrimento de Antônio. Ela saiu de si mesma, imaginou todo o sofrimento do neto e fez uma conexão com a dor dele.

Muitas vezes é mais fácil praticar a simpatia, optando por consolar os que sofrem na tentativa de trazer-lhes ânimo, o que também pode ajudar. Mas a empatia dá um passo além. Ela requer o permanecer e o caminhar juntos no deserto, na tentativa de sentir pelo menos um pouco o desconforto da sequidão do terreno árido que o outro percorre naquele momento. Com a aceitação e o acolhimento empático, de alguma forma o alívio vem, as forças se renovam e a possibilidade de enxergar as possíveis soluções podem ser mais facilmente percebidas pela pessoa que sofre.

### Enfrentamento e resiliência

A palavra "enfrentamento" vem do substantivo inglês *coping* e muitas vezes é confundida com resiliência. Enfrentamento é o recurso que precisamos quando passamos por uma situação inusitada de transtornos, mudanças e até perdas. As perdas podem abranger desde mudanças, bens materiais, a destruição de um objeto, a morte de um animal doméstico e a perda de pessoas, seja pela morte ou por algum tipo de rompimento, como divórcio.

Eu estava iniciando o projeto deste livro quando a pandemia da Covid-19 invadiu o mundo, e o caos se instalou em quase todos os setores da vida. Da noite para o dia, todos enfrentaram mudanças drásticas, e muitas perdas começaram a ocorrer. Eu mesma perdi minha sala de atendimento, confortável e bonita, onde trabalhei por vinte anos, e tive de providenciar equipamentos para o atendimento online. Mas, perder o local de trabalho — sem qualquer sombra de dúvida — foi o prejuízo menos dolorido quando penso nas muitas pessoas que perderam para a morte um membro, ou mais, da família.

A perda de algo ou alguém nos causa tristeza, transtornos e desajustes. Isso traz desorganização que, por sua vez, exigirá mudanças em nosso cotidiano. O enfrentamento nos oferece, de um lado, a capacidade de perceber, reconhecer, lamentar e chorar o que já não existe, e de outro a energia e a capacidade para perceber e reconhecer o que restou e o que continua disponível. No enfrentamento, a esperança, a fé e a confiança em nós mesmos se fazem presentes.

Na resiliência, somos capazes de reorganizar a vida com o que permanece. O foco é deslocado do que já não existe para fixar-se nos recursos disponíveis e nas novas ou diferentes possibilidades. Como sabemos, a palavra resiliência é emprestada da ciência, da física, e diz respeito ao metal que uma vez deformado pela temperatura pode voltar à forma original. Quando usada no sentido figurado e aplicada às perdas, entendemos que, embora nem sempre seja possível voltar ao que era, podemos reorganizar e continuar a vida de um novo jeito. Na resiliência, a criatividade se manifesta e novas ideias surgem. O sentimento de gratidão se faz presente!

Poderia citar vários exemplos de pessoas que durante a pandemia da Covid-19 foram criativas e acharam novos caminhos para trabalhar e dar sequência à vida. Um deles foi o de Francisco, paciente que eu atendia presencialmente. Ele é representante comercial e vende material para construção civil — um dos setores que permaneceram suspensos por muito tempo. Estávamos na segunda semana da pandemia. Preocupada, perguntei-lhe que planos ele tinha para ganhar o sustento da família. Ele prontamente respondeu: "Já estou fazendo. Agora estou vendendo máscaras, luvas e álcool gel, e nesta semana já ganhei mais do que eu ganhava em um mês".

Para algumas pessoas, enfrentamento e resiliência se unem, e, às vezes, até se entrelaçam para a reconstrução das perdas sofridas e a reorganização do cotidiano. A saúde mental favorece a construção de recursos tanto para o enfrentamento como para a reconstrução depois de uma situação inesperada. O caso de Jacson Fressatto é um exemplo. Em 2010, ele e a esposa tiveram uma menina, que nasceu prematuramente e precisou de internação para completar o ciclo de maturidade do organismo. Antes de completar esse período, porém, seu estado apresentou uma complicação que não foi percebida a tempo nem pela enfermagem, nem pelos médicos. Por não ter recebido a medicação necessária no momento correto, ela sofreu um processo infeccioso e consequentemente um choque séptico, vindo a óbito. Dá para imaginar a dor dos pais.

Quando esperamos um bebê, há todo o processo de preparo do quarto, da compra de móveis e do enxoval, sem mencionar a expectativa em torno da criança que virá. Mas, inesperadamente, essa criança nos é arrancada pela morte. Com certeza, Jacson experienciou a horrível dor da separação de um filho, afinal, pais não foram feitos para se despedir dos filhos. No curso normal da vida, são os filhos que se despedem dos pais, que no decorrer normal da vida envelhecem e morrem.

Durante o enfrentamento, Jacson procurou saber com que frequência esse tipo de óbito ocorria, e descobriu que mais da metade dos óbitos em hospitais decorrem de processos infecciosos que, se descobertos a tempo, podem ser tratados. Jacson é analista de sistemas e, no processo de se reorganizar após a morte da filha, teve a ideia de criar um software que pudesse conectar os sinais vitais dos pacientes em tempo real e assim detectar, no início, as possíveis infecções. Em uma parceria com Cristian Rocha, especialista em inteligência artificial, e com a ajuda do médico Hugo Morales, desenvolveram um robô virtual, que recebeu o nome de sua falecida filha: Laura. O robô Laura já é usado em vários hospitais do Brasil e não só tem beneficiado o trabalho de médicos e enfermeiros como tem ajudado a salvar milhares de vidas. Do processo de sentir e elaborar a dor surgiram a criatividade, o desejo e a força de levar adiante esse feito, e concretizá-lo.[6]

Há muitas dores que, embora não relacionadas com a perda pela morte, também provocam faltas significativas na vida, como a deterioração da saúde física. Mais uma vez, aquele que desfruta da saúde mental terá mais recursos para se despedir do que já não existe, ou está fragilizado, e aproveitar a energia remanescente para as possibilidades que se abrem para o que restou.

---

[6] Jose Renato Junior, "Como a morte de uma recém-nascida ajudou na criação de Laura, um robô que salva 18 vidas por dia", *Future Health*, 5 de outubro de 2020, <https://futurehealth.cc/laura-robo-que-salva-18-vidas-por-dia/>.

# 3
# Fragilidades que ameaçam a saúde mental

**Envelhecimento**

Envelhecer sempre foi difícil. Moisés, em sua caminhada pelo deserto conduzindo o povo após o Êxodo, já descreve as agruras da velhice: "Recebemos setenta anos, alguns chegam aos oitenta. Mas até os melhores anos são cheios de dor e desgosto; logo desaparecem, e nós voamos" (Sl 90.10). Salomão, terceiro rei de Israel, faz um alerta aos jovens para que busquem a Deus no vigor da juventude, quando beleza, potência e agilidade estão presentes. Talvez por já estar vivenciando tantas dificuldades advindas da idade avançada é que Salomão tenha descrito a realidade das perdas e das possíveis limitações na velhice. Dificuldades com o andar, o ouvir, o enxergar e o mastigar, e com a perda do desejo por tantas coisas que antes faziam sentido (Ec 12.1-7).

Salomão escreveu isso em uma época em que a experiência e a vivência de uma pessoa eram respeitadas e muito consideradas. Com a industrialização e o atual avanço da tecnologia, que permitiu que os mais jovens se tornassem mais hábeis e capazes de realizações, a experiência dos mais velhos ficou em segundo plano, sendo pouco valorizada. Em algumas culturas, como as orientais, ainda se devotam à pessoa com muitos anos de vida respeito e consideração, mesmo que não se tire muito proveito da experiência do idoso. Nas culturas latinas, no entanto, em que a pessoa idosa é vista com menos valor, isso é mais difícil.[1]

Além das limitações físicas e das mudanças trazidas pela modernidade, existem ainda duas questões que causam preocupação à medida que os anos avançam: a redução das entradas financeiras, decorrente da aposentadoria, e a continuidade da vida, caso se dependa de terceiros.[2] O outro lado da moeda, contudo, é que muitas pessoas, ao envelhecer, se tornam intransigentes, agressivas, mal-agradecidas, difíceis de se relacionar e de manter a proximidade na convivência, justificando e reforçando, portanto, atitudes de desprezo por parte de adultos, jovens e crianças.

Estou certa de que aqueles que buscam praticar os requisitos para fortalecer a saúde mental podem envelhecer melhor, aproveitando tudo que a vida ainda pode oferecer. A velhice não torna a pessoa chata, resmungona, exigente e mal-agradecida. Ela é apenas a continuação de tudo aquilo que fomos, vivemos e praticamos no decorrer da vida. A velhice não é feia, ela apenas revela a realidade da vida e as marcas deixadas pelo tempo. O desfrutar e experimentar a alegria de viver é uma arte que se aprende desde que somos crianças, estendendo-se por toda a vida. Na velhice, consolidamos cada vez mais o que já vínhamos mudando, vivendo e sendo na vida.[3]

Se desde jovens e adultos nos conscientizarmos da importância de conhecer nossas qualidades e também nossas

---

[1] Fritz Riemann, *A arte de envelhecer* (São Paulo: Veredas, 1990), p. 59.
[2] Minouche Shafik, *Cuidar uns dos outros: Um novo contrato social* (Rio de Janeiro: Intrínseca, 2021), p. 177.
[3] Howard Hendricks, *O outro lado da montanha: O caminho do amadurecimento digno e saudável* (São Paulo: Mundo Cristão, 2000), cap. 3.

fraquezas e nossa condição de miserabilidade e nos dispusermos a mudar, com certeza desfrutaremos de uma velhice com bons relacionamentos; uma fase tranquila, mesmo em meio às muitas limitações. Marco, um jovem de dezenove anos, e sua avó, de 76, são um exemplo disso. Um dia Marco ligou para a avó a fim de saber se ela estava em casa. Ela respondeu afirmativamente, já imaginando que talvez ele precisasse de sua ajuda. Mas Marco apenas respondeu: "Não preciso de nada, vó. Quero ir aí e ficar um pouco com você e o vovô. Quero conversar um pouco". Quando lhe perguntei o que o atraía para a avó, ele respondeu: "Ela fala, mas também me ouve, não fica repetindo e proclamando como era no tempo dela. É generosa e sempre demonstra gratidão. Gosto de ficar perto. Aprendo muito com ela e meu avô".

O envelhecimento pode ser difícil, mas não é doença. As dificuldades e os possíveis sofrimentos surgem, em geral, entre cinquenta e sessenta anos, fase em que começamos a observar os ciclos de nossa vida e nos damos conta de que já temos mais passado que futuro. O desconforto é acentuado porque vivemos em uma cultura que nem sempre reconhece o valor e a contribuição das pessoas que envelheceram. Talvez por isso muitos mantenham uma postura de negação e fuga da realidade do envelhecimento, omitindo até mesmo a verdadeira idade. Um bom exemplo é a quantidade de pessoas, principalmente de mulheres, que recorrem a cirurgias plásticas, em especial no Brasil, quando surgem os primeiros sinais de envelhecimento do corpo.

É importante estarmos conscientes de que cirurgias podem eliminar rugas, marcas e gordurinhas do corpo, mas não conseguem diminuir a idade de ninguém, e muito menos mudar o comportamento. Ainda que o corpo mostre uma aparência jovial, o processo de envelhecimento não cessará; ele trará limites e dependência, revelando o que se solidificou internamente. Em vez de nos preocuparmos tanto com o exterior, o mais sábio seria investir na beleza interior. A beleza externa pode cativar os olhos, mas não prende o coração. A beleza de caráter e de procedimento, além de prender o coração, atrai pessoas de todas as idades.

O envelhecimento também traz consigo a realidade das muitas perdas. Perdemos não só a beleza jovial, mas também a agilidade e o vigor da juventude. Muitos perdem a saúde física. Outros perdem partes do corpo como resultado de cirurgias que visam manter sadio o restante do corpo. Pessoas com boa saúde mental são mais resilientes em todas as possíveis perdas da vida, incluindo as que sobrevêm com o envelhecimento. Capazes de elaborar a tristeza e a dor da despedida da beleza e da força jovial, conseguem tirar proveito de tudo que é possível. Quem mantém o foco no que um dia foi ou naquilo que já não tem mais é incapaz de enxergar com clareza a vida que ainda pulsa e que também oferece vantagens.

Não podemos esquecer que é nesta vida, por meio dos membros e dos feitos do próprio corpo, que podemos servir o outro e amar a Deus. Se na velhice não conseguimos enxergar o que ainda está vivo e tirar proveito dele, é como se tivéssemos morrido antes da hora. Passamos a viver como autômatos, sem nos dar conta de que o coração bate e a vida ainda pulsa.

Há fatos e realidades disponíveis que só se tornam perceptíveis aos olhos e ao coração depois de anos de outras aquisições. Lembro de João, que ao envelhecer perdeu oitenta por cento da visão e foi encaminhado para a psicoterapia. Tive muita alegria em caminhar com ele na elaboração da sua perda e no desenvolvimento de outros órgãos do sentido ainda vivos. Enquanto ele me relatava, chorando, como era difícil não ver mais as cores, nem a luz, nem o rosto dos netos, eu mantive os olhos fechados. Permaneci em silêncio por alguns minutos até dizer: "Sim é muito difícil não enxergar e perder tantas coisas bonitas. Mas agora que, chorando, lamentou a perda de um dos sentidos, você consegue pensar um pouco nos outros sentidos que ainda possui?". Ele silenciou por um tempo, e então disse: "Eu posso ouvir; posso sentir os cheiros e posso tocar tudo a minha volta".

Conversamos sobre a possibilidade de prestar atenção no desempenho desses órgãos e ele foi para a casa com a tarefa de prestar atenção nos cheiros, nos sabores, nos sons e nos contatos de pele, os oferecidos e os recebidos. Pouco tempo depois, as lágrimas derramadas pela perda da visão foram substituídas por sorrisos. Ele me disse: "Sabe, eu já conheço cada neto e cada neta pelo cheiro. E, de longe, já sei o que vou almoçar ou jantar; se a casa está limpa ou não. E tem mais, mesmo que meus filhos não falem nada, eu sei qual dos três está me ajudando apenas pelo jeito que sou tocado. Eu não sabia que podia desenvolver mais esses outros sentidos".

Envelhecer é um constante despedir-se do que nos pertencia para aproveitar o melhor possível o que ainda vive e está disponível.

### Doenças físicas

Médicos, psicólogos e muitos dos profissionais que atuam na relação de ajuda emocional e fisiológica estão cada vez mais convencidos, tanto pelas pesquisas como pela experiência, que há uma conexão muito importante entre saúde mental e adoecimento físico.

Quando estamos conectados conosco e com a realidade que nos cerca, quando conseguimos enfrentar, elaborar, expressar e vivenciar qualquer situação de nossa vida — seja de tristeza, decepção, frustração, raiva seja de qualquer outro sentimento dolorido que entendamos como negativo —, não precisamos da ajuda do corpo para diluir a dor mental. Isso é importante, pois muitas dores, doenças e desequilíbrios indicam claramente uma relação do físico com o emocional. Evidentemente, nem toda doença física está relacionada com algum sofrimento emocional, assim como nem toda angústia emocional desemboca em algum adoecimento físico. O que quero deixar bem claro é que sempre devemos cuidar do adoecimento físico e fazer uso de todos os recursos da medicina para aliviá-lo e saná-lo, independentemente da causa.

Quando Jesus de Nazaré encontra um paralítico junto ao tanque de Betesda, ele simplesmente cura aquele homem — que há 38 anos padecia dessa enfermidade — ordenando-lhe que pegasse sua maca e andasse. Pouco depois, Jesus o encontra novamente e o alerta para que não pecasse a fim de não desenvolver uma doença pior. A meu ver, o alerta de Jesus indica uma possível paralisia causada por alguma desordem emocional decorrente do pecado (Jo 5.1-15).

Psicólogos, médicos e pesquisadores vêm estudando com afinco a relação entre sofrimento emocional e dor fisiológica, as chamadas doenças psicossomáticas. Marco Aurelio Dias da Silva, que estudou, pesquisou e escreveu sobre a ligação entre o emocional e o físico nas enfermidades,[4] usa com propriedade o exemplo da criança. Quando o bebê ou a criança precisa

---

[4] Marco Aurelio Dias Silva, *Quem ama não adoece: O papel das emoções na prevenção e cura das doenças* (São Paulo: Best Seller, 1998).

de algo ou sente algum desconforto, ela chora ou manifesta seu pedido de socorro de alguma forma até que um adulto venha ajudá-la, ou pelos menos lhe dê atenção. Na vida adulta, muitos de nós bloqueamos qualquer pedido de socorro, seja por temor à rejeição, seja por considerar que nossos desejos são impróprios e condenáveis, mantendo bloqueados dentro de nós anseios legítimos e coerentes com nosso jeito de ser. Isso nos leva à história de Mércia, uma de minhas pacientes.

Mércia buscou ajuda psicoterapêutica a conselho de seu ginecologista, que não entendia a razão do constante sangramento uterino de sua paciente. Embora os exames não apontassem nenhuma anormalidade física, ela foi diagnosticada com anemia crônica, em razão da persistente hemorragia. A família de Mércia era muito religiosa e desde a adolescência ela havia decidido dedicar sua vida a transmitir a fé cristã. Mércia abriu mão de cursar uma faculdade que a capacitasse e lhe permitisse exercer uma profissão em que pudesse empregar seus talentos e suas habilidades. Em vez disso, optou por estudar teologia e tudo que dizia respeito à prática religiosa de sua fé. Ao se casar, abriu mão de seus desejos e vontades por entender que devia seguir os passos do marido, pastor de uma igreja, naquilo que ele escolhesse.

Quando me contou sua história, perguntei se ela estava prestando atenção nela mesma e ouvindo a própria fala. Ela respondeu: "Sim, estou. E estou percebendo também quanto eu me abandonei. Não estou vivendo minha vida. Estou vivendo a vida do meu marido, a vida que a igreja quer, mas não o que eu gostaria e muito menos o que me traz muito mais alegria e contentamento". Mércia chorava copiosamente ao perceber que tinha renunciado a seu próprio viver. Ela mesma fez a ligação entre o que estava fazendo na vida e a perda incessante de sangue. Enquanto avaliava sua realidade, concluiu que o sangue é vida, e ela estava deixando cada vez mais de viver.

Nossos encontros psicoterapêuticos ocorreram simultaneamente ao tratamento médico para estancar a hemorragia. Mércia decidiu buscar o que gostava. Inscreveu-se em um curso de alta costura e decidiu comprar peças de tecido para construir jogos de lençol e de banho que combinassem entre si. Ficou assombrada com a própria habilidade artística e destreza manual. Aos poucos, seu trabalho foi se tornando conhecido e atraindo o interesse de pessoas, que compravam sua produção. Sem desrespeitar o marido e sem abandonar a fé, ela foi fortalecendo sua identidade e sua autonomia. E, o melhor, recebeu alta do tratamento médico, e seu corpo assumiu a condição normal para uma mulher de sua idade.

Várias podem ser as razões e as causas de adoecimento físico: a idade, a alimentação, o ambiente, o clima, para citar algumas. Mas, com certeza, viver incoerentemente com as próprias habilidades, desejos e talentos pode causar muitas doenças. Nem sempre poderemos fazer o que sabemos e o que gostamos, mas, quando essas situações deixam de ser circunstanciais e deixamos de expressar o que sentimos, o corpo pode achar uma forma, às vezes danosa, de manifestar o descontentamento que de fato existe.

Em seu livro sobre a conexão entre a doença fisiológica e a mente, o médico Gabor Maté afirma que os sofrimentos emocionais se traduzem em acontecimentos doloridos no corpo quando a pessoa não consegue ou não sabe expressar seus sentimentos.[5] Portanto, entre todas as causas possíveis de

---

[5] Gabor Maté, *Cuando el cuerpo dice NO: La conexión entre el estrés y la enfermedad* (Madri: Gaia Ediciones, 2021).

adoecimento físico, podemos incluir também o silêncio sobre as angústias, os descontentamentos, as ofensas recebidas, as culpas e outros sentimentos doloridos pode ser uma delas.

Olhar, tomar consciência dos sentimentos e expressá-los da melhor maneira possível é um requisito que não só beneficia e fortalece a saúde mental como protege o corpo de algumas doenças.

## Finitude

Sempre me lembro da resposta do psiquiatra Claudio Rud a um dos presentes em sua preleção sobre adoecimento, em um fórum de psicologia. Quando alguém lhe perguntou qual era o melhor atendimento para um doente terminal, ele prontamente respondeu: "Como? Doente terminal? Terminais somos todos nós!".

Em geral, a maioria das pessoas tem dificuldade de falar sobre a morte, seja sobre a própria finitude seja sobre a de entes queridos. Mas não precisamos temer a finitude do corpo. Ela com certeza virá, o que quer dizer que não só os portadores de doenças graves são terminais — todos nós compartilhamos essa condição.

Pessoas que desenvolveram boa saúde mental conscientizam-se mais facilmente do caráter finito da vida. A finitude nem sempre ocorre após uma vida longa. Embora a ciência avance na descoberta de novos recursos, novos medicamentos e traga novas indicações de como viver melhor, o fato é que morrer faz parte da vida. Se nascemos, morreremos. Nascimento e morte estão interligados, e nada pode impedir isso.[6] Mais cedo ou mais tarde, a vida terrena termina.

[6]Anselm Grün, *Morte: A experiência da vida em plenitude* (Petrópolis: Vozes, 2014), p. 17.

Para muitas pessoas, essa realidade pode ser um estímulo para uma vida desregrada, egoísta e gananciosa. Na fé cristã, entretanto, a vida tem um sentido e um propósito. Não existimos pelo acaso. Somos chamados para viver com uma missão, que pode estender-se até o final. Além disso, quem aceita a realidade da finitude é capaz de escolher melhor com o que se importar no dia a dia e onde gastar mais tempo. Cada dia de vida adquire muito mais importância, permitindo-nos viver melhor, já que o foco não precisa ater-se ao efêmero e às futilidades.

Reconhecer a finitude não significa, e nem deve significar, viver a morte antes que ela chegue. Não devemos buscar ou antecipar a transferência para a vida além, mas sim o contrário. Com a conscientização da finitude, podemos focar em viver mais, melhor e plenamente enquanto o sopro de vida pulsar em nosso corpo.

Para nós, cristãos, a finitude ganha contornos de esperança, uma vez que acreditamos na vida após a morte. Crer na eternidade não é escapismo, significa ter convicção de que a finitude nada mais é que uma transição. À luz dessa realidade, a morte perde seu poder e sua força, pois a única coisa que ela alcança é o corpo físico, terreno. Ela não destrói o investimento feito no que é eterno, ou seja, tudo que investirmos em pessoas não será destruído.

Paulo de Tarso também é uma referência nesse sentido. Quando escreveu aos cristãos que moravam em Filipos, uma pequena colônia na Grécia dominada pelos romanos, afirmou: "Para mim, o viver é Cristo, e o morrer é lucro" (Fp 1.21). Ele não via a morte como o fim, mas como a passagem para algo melhor quando reconhecemos que Jesus é Deus. Ele estava certo disso. Alguns anos antes, ao escrever para os crentes de Corinto, ele deixou clara sua convicção de que na ressurreição de Cristo Jesus a morte do nosso corpo perdeu força: "Ó morte, onde está sua vitória? Ó morte, onde está seu aguilhão?" (1Co 15.55). Como Cristo, seremos ressuscitados em um novo corpo.

Ao receber o diagnóstico de um tumor muito agressivo, Cláudia perguntou ao médico quanto tempo de vida ainda lhe restava, e a resposta revelou a probabilidade de um ano. Ela então decidiu que viveria toda a vida que ainda pulsava em seu corpo a cada dia restante. Não reclamou. Desenvolveu uma atitude de gratidão para com a família, amigos e Deus. Passou por cirurgias, internações, tratamentos agressivos e limitações físicas, mas viveu cada dia, com seus afazeres, responsabilidades e prazeres, a vida que o câncer ainda não lhe havia tirado. A finitude não é o fim. É apenas uma transição!

# 4
## Elementos externos que podem afetar a saúde mental

Áreas da vida como a social, familiar, religiosa, profissional e emocional podem afetar e prejudicar muito a saúde mental, se mal administradas. E por estarem interligadas, o dano pode ser maior e pior.

### Área social

Dentro do continente americano, o Brasil apresenta o maior índice de crescimento do desequilíbrio da saúde mental em decorrência da desigualdade social. Esse desequilíbrio, por sua vez, é o responsável pelos elevados números de casos de depressão e ansiedade que incapacitam pessoas de desenvolver sua função profissional, de receber apoio financeiro e até mesmo de procurar ajuda médica.[1]

A distribuição de renda altamente injusta no país é uma das grandes fontes de desequilíbrio emocional e mental. Enquanto alguns vivem confortavelmente sem precisar de nenhum tipo de planejamento financeiro, boa parte da população brasileira luta, empenhando-se e esforçando-se física e emocionalmente sem conseguir ter suas necessidades básicas supridas. De acordo com a ONU, o Brasil é um dos 20 países com mais pessoas

---

[1] Iara Biderman, "Saúde mental brasileira sofre de instabilidade", *Folha de S. Paulo*, 31 de maio de 2019, <https://www1.folha.uol.com.br/seminariosfolha/2019/05/saude-mental-brasileira-sofre-de-instabilidade.shtml>.

em condição de extrema pobreza, ou seja, indivíduos que possuem uma renda mensal de até R$ 109.[2] A frustração de sonhos e projetos nos leva a uma situação depressiva, de morte em vida.[3]

Infelizmente, uma sociedade permeada por tantas injustiças é um cenário propício para o surgimento e o agravamento de desequilíbrios emocionais e de conduta. Na verdade, a desigualdade social chega a afetar até mesmo o bebê em formação no ventre materno. Muitos autores reconhecem que o estado emocional da mãe ou o clima emocional do ambiente são capazes de interferir na formação mental e emocional do bebê. Em uma condição de desigualdade social, a gestante enfrenta dificuldade para se sentir bem em meio à fome e à falta de recursos necessários para o bom desenvolvimento da gestação.[4]

No Brasil, além da acentuada diferença entre as classes sociais, as constantes oscilações na economia provocam não só o alto nível de desemprego como ganhos insuficientes para suprir o mais básico do dia a dia. Psicólogos e psiquiatras concordam que muito do adoecimento mental e do elevado

---

[2] Caíque Alencar, "População em extrema pobreza no Brasil cai 40% em 2023, diz pesquisa", *UOL*, 27 de agosto de 2024, <https://economia.uol.com.br/noticias/redacao/2024/08/27/populacao-extrema-pobrezabrasil.htm#:~:text=Segundo%20o%20levantamento%2C%20a%20queda,selecionar%20benefici%C3%A1rios%20do%20Bolsa%20Fam%C3%ADlia.>

[3] Virgínia Moreira e Tod Sloan, *Personalidade, ideologia e psicopatologia crítica* (Editora Escuta, 2002) p. 203-5.

[4] Marc Bassets, "Boris Cyrulnik: 'A desigualdade social começa nos mil primeiros dias de vida'", *El País*, 12 de fevereiro de 2020, <https://brasil.elpais.com/internacional/2020-02-12/boris-cyrulnik-a-desigualdade-social-comeca-nos-mil-primeiros-dias-de-vida.html>. Cyrulnik, renomado neurologista francês, conheceu de perto a escassez na infância durante a Segunda Guerra Mundial. Nessa entrevista, ele explica como os prejuízos da desigualdade social podem ser sentidos já nos primeiros anos de vida.

número de suicídios é desencadeado pela realidade que boa parte da população enfrenta. Muitas pessoas, apesar de empregar grandes esforços, simplesmente não conseguem ganhar o suficiente para suprir suas necessidades mais básicas. O sentimento predominante nessas situações é de impotência. A pessoa chega a um ponto em que, sem vislumbrar solução nem saída, é tomada pelo desespero e pelo consequente desejo de não viver, ou inconscientemente adoece mental ou fisicamente para de alguma forma suportar a própria realidade.[5]

Os pobres sempre existiram e sempre existirão. No entanto, por mais pobres que sejamos, é preciso ter a possibilidade de adquirir, pelo trabalho, a alimentação e os nutrientes básicos para a sobrevivência. Mas não só isso. Precisamos de moradia com saneamento básico, de recursos de locomoção para a vida urbana ou agrícola, e de condições e recursos proporcionados por políticas públicas para que todos tenhamos acesso à educação e à consequente formação cultural adequada.

Catástrofes também são elementos que contribuem para o agravamento social e para o sentimento de desamparo, o que facilita o desenvolvimento de disfunções mentais. Ainda que felizmente as catástrofes naturais não aconteçam em larga escala no Brasil, suas ocorrências têm causado muito estrago, destruição e morte, como são os incêndios, as enchentes e os desmoronamentos de terras e barragens.

Fenômenos mundiais também contribuem para a desordem mental. Guerras, governos autoritários e crises sociais têm provocado intenso tráfego migratório em todo o mundo, gerando um elevado número de imigrantes e refugiados. O Brasil tem

---

[5]Carlos Grzybowski, *Quando a dor se torna insuportável: Reflexões sobre por que pessoas se suicidam* (São Leopoldo: Sinodal, 2019), p. 15.

sido um dos países escolhidos por muitos deles, que são forçados a deixar tudo para trás a fim de proteger a própria vida. Várias organizações não governamentais se dedicam a facilitar a vida do elevado número de imigrantes que chega ao solo brasileiro.[6] Esses imigrantes enfrentam um intenso sofrimento, principalmente pela impossibilidade de se juntarem a toda a família, já que muitos partem sem os pais e até mesmo os cônjuges. Ao chegar a um novo país, tudo é diferente para eles: idioma, alimentação, clima, vestuário... A adaptação é difícil para todo imigrante, e os obstáculos são acentuados quando esse imigrante é também um refugiado. E isso não é diferente nos demais países.

Nos Estados Unidos, país onde muitos desejam chegar na esperança de ser acolhidos, a realidade, às vezes, se mostra desesperadora. Pessoas são presas e separadas dos filhos. Outras são deportadas de volta para o país de origem, perdendo tudo que investiram. Explorados por atravessadores — criminosos que prometem facilitar a entrada ilegal de imigrantes em determinados países —, esses refugiados enfrentam viagens e travessias perigosas para alcançar seu destino, e muitas vezes sucumbem pelo caminho. Em sua biografia,[7] Yusra Mardini, refugiada síria que atravessou o Mediterrâneo a nado, relatou o sofrimento, as perdas e o desconforto de deixar seu país rumo à Alemanha, onde vive a maioria dos refugiados.[8] Ela revela que entre as perdas mais difíceis de aceitar estão a da

---

[6] Uma dessas organizações é a Abuna, que busca proividenciar trabalho e documentação para refugiados afegãos: <https://www.abuna.org.br/>.

[7] Yusra Mardini, *Borboleta: De refugiada a nadadora olímpica* (Rio de Janeiro: Harper Collins, 2022), p. 214.

[8] Perfil da Alemanha, "Estruturar a imigração", *Perfil da Alemanha*, <https://www.tatsachen-ueber-deutschland.de/pt-br/migracao-e-integracao/estruturar-imigracao>.

identidade do país de origem e do próprio nome. A pessoa passa a ser apenas uma "refugiada", e assim é estigmatizada.

Com tantas perdas, as dificuldades para manter a saúde mental e o equilíbrio emocional se avolumam. Tristeza profunda, melancolia, desconfiança, desânimo, apatia, desistência e outros sintomas emocionais podem compor situações como essas. O Deus onisciente e conhecedor de nossa realidade, em sua bondade, inspirou vários autores das Escrituras Sagradas a escreverem sobre exercício da misericórdia em relação ao estrangeiro. Um deles foi Lucas, o Evangelista, que relatou a parábola do bom samaritano. Nessa parábola, Jesus conta a história de um israelita que é assaltado, espancado, despojado de seus pertences e jogado à beira da estrada, ferido e totalmente dependente de cuidados. Quem se propõe a cuidar desse homem é um samaritano, que emprega tempo, esforço físico e dinheiro (Lc 10.29-37). O interessante é que o samaritano era visto como alguém não pertencente à linhagem judaica. Estudiosos da Bíblia veem nesse relato a ordem para cuidarmos do necessitado, incluindo os estrangeiros. Outra referência de Jesus aos estrangeiros ocorre em seu último sermão, poucos dias antes de ele ser crucificado. Ao fazê-lo, ele menciona uma das características de seus verdadeiros seguidores, ou seja, suprir o próximo em seis necessidades comuns aos seres humanos: fome, sede, nudez, doença, prisão e o cuidado e o abrigo aos refugiados (Mt 25.35-43).

Timothy Keller afirma que os imigrantes estão incluídos — junto com as mulheres desamparadas, os pobres e os órfãos — no grupo-alvo da compaixão de Deus.[9] Aliás, a Bíblia deixa claro, desde os primórdios, que devemos dar acolhimento

---

[9] Timothy Keller, *Justiça generosa: A graça de Deus e a justiça social* (São Paulo: Vida Nova, 2013).

e repartir os bens com os estrangeiros: "Quando fizerem a colheita da sua terra, não colham as espigas nos cantos dos campos e não apanhem aquilo que cair das mãos dos ceifeiros. Deixem esses grãos para os pobres e estrangeiros que vivem entre vocês. Eu sou o SENHOR, seu Deus" (Lv 23.22). Fica o alerta aos que se envolvem em trabalhos com imigrantes e refugiados.

### Área religiosa

A religião é tão antiga quanto a humanidade. Em todos os povos e em todas as culturas, deparamos com comportamentos denotativos de uma crença religiosa. Homens e mulheres religiosos, como Martin Luther King Jr e madre Tereza de Calcutá, entre outros, têm deixado marcas altamente positivas que nos estimulam a buscar uma vida piedosa. São exemplos de vida carregados de motivação para lutarmos pelo bem de pessoas que, por diferentes razões, são excluídas e sofrem injustiças em larga escala. Porém, os fatos comprovam que a influência da religião não é apenas benéfica, mas, em vez disso, pode ser muito danosa.

Muito mal já foi e é infligido tendo a crença como motivação. É certamente verdadeiro o dito de que o pior ódio é o ódio religioso, e exemplos de atrocidades perpetradas em nome da fé não faltam, como as cruzadas religiosas, que tanta destruição trouxeram no passado, e grupos radicais islâmicos no presente. Ao mesmo tempo que a religião pode estimular e motivar pode também despertar o mal em muitas pessoas, grupos e até países, em nome da crença religiosa, trazendo muita destruição e morte.[10] A conclusão é que, a depender

---

[10] Francisco Lotufo Neto, Zenon Lotufo Jr. e José Cássio Martins, *Influências da religião sobre a saúde mental* (São Paulo: ESETec, 2009).

dos líderes e de seus seguidores, o mundo religioso pode tanto contribuir para uma saúde mental quanto ser um canal de adoecimento e destruição mental.

Infelizmente o meio cristão não está excluído dessa possibilidade maléfica, podendo se tornar, sim, um fator reconhecido como reforçador e até gerador da falta de saúde mental para pessoas mais sensíveis e em situação de vulnerabilidade emocional. Alguns lugares e igrejas talvez até apresentem índices mais elevados de distúrbios mentais, considerando a insensibilidade de muitos líderes religiosos diante das necessidades emocionais de seus ouvintes. São homens e mulheres que não receiam em fazer afirmações descabidas ou tachar de falta de fé ou de oração problemas como a depressão e a ansiedade. Em vez de orientarem a pessoa a buscar ajuda psicológica e médica, aconselham-na a orar e ler mais a Bíblia ou os livros considerados sagrados, em clara insinuação de negligência com a vida espiritual.

Esse tipo de atitude leva aquele que está sofrendo a somar mais culpa ao seu sofrimento por acreditar que sua doença foi causada por sua fraqueza, incapacidade e negligência na caminhada cristã. Em muitas situações, a pessoa, já enfraquecida e sofrida, nem sequer se lembra que é justamente na fé cristã que podemos desfrutar do acolhimento de Deus, que no Calvário recebeu todas as nossas culpas, a fim de nos perdoar e nos libertar.

O anseio por poder e controle, tão frequente nos seres humanos, não está ausente na liderança de igrejas, o que lamentavelmente coopera para perpetuar o sofrimento emocional, que pode acentuar-se e desencadear males ainda mais graves, como doenças fisiológicas e até as denominadas doenças mentais.

Lembro de uma ocasião em que minha casa foi invadida por ladrões enquanto estávamos fora. Ao voltar, deparamos com todos os cômodos revirados e com a ausência de muitos objetos valiosos. Quando compartilhei nosso dissabor com uma líder cristã da minha comunidade, ela prontamente respondeu: "Ah, eu faço minha oração antes de sair de casa e até hoje nunca fui roubada". Felizmente eu já conhecia a Bíblia o suficiente para saber que estamos sujeitos à maldade humana, a doenças e a possíveis transtornos emocionais, independentemente de quanto oramos.

Naquela situação me lembrei de Pedro e Tiago nos anos que se seguiram à morte e a ressurreição de Jesus Cristo. Enquanto Pedro foi liberto da prisão, por anjos que vieram e abriram-lhe as portas (At 12.6-19), Tiago foi martirizado, morrendo degolado (At 12.1-2). Com certeza muitas orações foram feitas em favor de Tiago, mas mesmo assim, esse apóstolo acabou morrendo.

Ao contrário do peso que esse tipo de líder religioso joga sobre os ombros de seu rebanho, a mensagem do evangelho nos conduz ao autoexame, apontando para a libertação e para a leveza na vida. A palavra "evangelho" significa literalmente, no grego, boas-novas. E as boas-novas anunciadas por Deus, encarnado na pessoa de Cristo, são de libertação e fortalecimento para uma vida saudável. Em contraste com a religião judaica de seu tempo, que mais adoecia e escravizava do que libertava, Jesus prometia alívio àqueles que o escutavam:

> Venham a mim todos vocês que estão cansados e sobrecarregados, e eu lhes darei descanso. Tomem sobre vocês o meu jugo. Deixem que eu lhes ensine, pois sou manso e humilde de coração,

e encontrarão descanso para a alma. Meu jugo é fácil de carregar, e o fardo que lhes dou é leve.

Mateus 11.28-30

Os fiéis precisavam cumprir 613 leis, que nem os próprios líderes cumpriam. Em um de seus últimos sermões, Jesus os chama de hipócritas por jogarem cargas tão pesadas sobre o povo, as quais nem eles mesmos carregavam, e nada faziam para aliviá-lo (Mt 23.3-4).

## Desajuste familiar

Outro fator que muito determina os desiquilíbrios e a ausência de saúde mental são os desajustes familiares. O número de mulheres abandonadas com seus filhos aumentou consideravelmente nos últimos anos.[11] A maioria das crianças têm como primeiro responsável apenas uma mulher e nem sequer têm o nome do pai no registro de nascimento. Ainda que isso não signifique que a criança, necessariamente, terá problemas psicológicos, ela certamente receberá menos orientação parental, não só pela ausência da figura paterna como pela ausência mais prolongada da mãe, que, sozinha, terá de fazer a função dos dois no cuidado, sustento e na proteção da criança. E é fato que, quando um pai ou uma mãe tenta cumprir as duas funções para suprir a falta do outro, em geral, não se sai bem em nenhuma delas.

Toda criança é vulnerável e indefesa, e para viver adequadamente a infância com recursos capazes de enriquecer sua vida e

---

[11] Anna Luisa Praser, "No Brasil, 11 milhões de mulheres criam sozinhas os filhos", *Agência Brasil*, 17 de agosto de 2023, <https://agenciabrasil.ebc.com.br/geral/noticia/2023-08/no-brasil-11-milhoes-de-mulheres-criam-sozinhas-os-filhos>.

fortalecer sua saúde mental, ela precisa — além dos suprimentos básicos alimentares e de vestuário — da presença dos pais, de seu acolhimento e de sua orientação. A vida se torna muito difícil para toda a família quando apenas um dos pais (mais comumente, a mãe) se vê forçado a cuidar sozinho dos filhos. Por isso, temos hoje o que chamamos de família estendida, quando os avós contribuem no cuidado e até no sustento dos netos. No entanto, o que tenho constatado no consultório é que, embora os avós amem os netos e possam ajudar muito na construção da saúde física e mental deles, não conseguem substituir a mãe ou o pai. O vazio permanece e, cedo ou tarde, essas crianças terão de lidar com esse sentimento e assimilá-lo para conseguir viver melhor a própria vida, sem repassar a seus descendentes as distorções emocionais que a afetaram como um todo.

O Brasil apresenta ainda um elevado número de adolescentes grávidas, muitas delas com apenas 14 anos de idade.[12] Trata-se de jovens que, embora estejam na idade de serem apenas filhas, já se tornaram mães. Por isso, não é difícil compreender que em muitos casos esses bebês — os que sobreviverem, dada a alta taxa de mortalidade de bebês filhos de adolescentes — experimentarão a falta de cuidados físicos e de apoio emocional. Ainda que muitas famílias ofereçam apoio e cuidado à adolescente e ao bebê, essa não é a realidade da maioria.

Lembro-me de Amelinha, que veio buscar ajuda porque estava sofrendo de síndrome do pânico, que a impedia de usar o transporte público. Mesmo apelando para o transporte por

---

[12] Carolina Delboni, "Somos o 2º. país com as maiores taxas de gravidez na adolescência", *O Estado de S. Paulo*, 6 de fevereiro de 2023, <https://www.estadao.com.br/emais/carolina-delboni/somos-o-2o-pais-com-as-maiores-taxas-de-gravidez-na-adolescencia/>.

aplicativo, ela ainda se sentia tomada pelo pânico quando se via presa no congestionamento e com dificuldade de chegar ao seu destino. Esse sentimento perdurou até conseguir identificar a origem de seu pavor paralisante: a sensação de "não ter saída".

Amélia engravidou aos 17 anos e seus pais — religiosos, rígidos e envergonhados pela situação — tornaram-se críticos, cerceando-a a fim de que ninguém se inteirasse da gravidez. À medida que recobrava a memória desse fato, ela pôde experimentar toda a angústia armazenada naquela situação sem saída e o alto sentimento de culpa por haver envergonhado os pais. No processo psicoterapêutico, Amélia pôde entender e acolher amorosamente a própria história, e entender que o tempo "sem saída" se fora. No caso dela, felizmente os pais foram amorosos e cuidadosos com o lindo menino que chegou.

É claro que muitas síndromes de pânico têm outras origens, provocando em geral desordens físicas e neurológicas, que demandam, além de ajuda terapêutica, acompanhamento médico. No caso de Amélia, o que veio à tona foi a falta de preparo que assola muitas famílias, primeiro quanto à orientação de seus adolescentes na prevenção de uma gravidez precoce e, segundo, no trato com seus adolescentes envolvidos na gravidez.

Outro fator familiar que contribui para gerar mais desordens, angústia e sofrimento no decorrer da vida é o despreparo dos pais na geração e criação de filhos. Muitos pais não sabem acolher e aceitar cada filho segundo suas próprias características, e alguns (até mesmo cristãos) chegam a usar violência física e verbal convictos da necessidade de assim agirem para a formação adequada dos filhos. O que é primordial saber é que o uso da vara prescrito na Bíblia (Pv 23.13-14) nunca indicou violência nem crueldade.

Outro fator importante na construção da saúde mental já nos primeiros anos de vida é a aprovação e o reconhecimento por parte das figuras parentais. Isadora tinha formação em Direito mas, com 45 anos, ainda não havia iniciado sua vida profissional. Buscou ajuda profissional porque queria contribuir com as finanças da família. Quando perguntei por que não começava, ela respondeu que tinha medo e uma sensação de que não daria certo. Como poderia dizer que não daria certo se nem sequer havia começado? Aos poucos, Isadora foi se lembrando do clima tão familiar em sua infância. Sempre que um dos filhos apresentava a possibilidade de uma nova conquista no trabalho ou nos estudos, os comentários dos pais soavam de forma negativa: "Mas isso é muito difícil! Não vai dar certo. Não é para você, não. Melhor ficar onde está. Não vai dar certo". Isadora percebeu facilmente que ainda ouvia as falas negativas da mãe. Constatar que sua mãe, mesmo já falecida, ainda exercia poder em suas escolhas não só a surpreendeu como a levou à decisão de não mais acreditar no que ouvia e de escolher exercer sua profissão.

A autoconfiança e a autonomia dependem muito da aprovação, do encorajamento e do estímulo das figuras paternas. É bem mais fácil chegar à vida adulta acreditando que é importante avaliar cada decisão e cada situação a ser vivenciada, mas também é importante crer que conquistas e crescimento incluem tentativas e riscos, e que o possível fracasso deve ser encarado como um aprendizado e um estímulo para o reinício. A boa notícia é que, mesmo que elementos tão essenciais para uma vida equilibrada e saudável não tenham sido recebidos na infância, podemos iniciar a construção ou a reconstrução deles na vida adulta.

Para isso precisamos ter coragem e decidir revisitar a própria história a fim de descobrir o que vivemos no passado e que não nos ajudou, e o que continuamos a fazer no presente. Enfim, precisamos trazer à memória as vivências que de alguma forma ficaram cindidas na vida. E uma vez conscientes delas, descartar o que não nos serve e integrar, perpetuando na própria vida, aquelas que são boas e nutritivas psicologicamente.

O personagem bíblico José é um bom exemplo de alguém que veio de um lar disfuncional, mas que encontrou recursos para lidar com a própria história e refazer os possíveis traumas vivenciados com seus irmãos.[13] As Escrituras retratam que ele era o filho predileto de seu pai, Jacó, o qual lhe concedia presentes especiais, diferentemente do que fazia em relação aos demais filhos. Como era de esperar, essa atitude despertou ciúme e inveja nos irmãos de José. Sentir inveja indica, a princípio, que não gostamos ou não estamos contentes com o que temos ou com o que somos e desejamos ter ou ser. É a oportunidade para nos autoavaliar e descobrir as razões de não nos sentir agradecidos pelo que temos e pelo que significamos, e então buscar ampliar e melhorar o que é possível. Qualquer sentimento dolorido ou negativo é também uma possibilidade de crescimento e mudança. No entanto, quando permitimos que o sentimento tome conta da razão, podemos agir como os irmãos de José, que perpetraram contra ele todo tipo de maldade, até mesmo o desejo de assassinato, que acabou sendo impedido por um dos irmãos.

José foi vendido como escravo para mercadores ismaelitas, que o levaram para o Egito. Lá ele foi acusado injustamente pela mulher de Potifar, oficial do faraó, e como consequência,

---

[13] A história de José é relatada em Gênesis 37—50.

condenado à prisão. No cárcere, foi esquecido por um companheiro que ganhara a liberdade e poderia ter intercedido por ele. Quantos acontecimentos horrorosos e doloridos marcaram a vida de José. Aos trinta anos, ele é finalmente libertado da prisão, e se torna governador do Egito.

Quando analisamos o nome que José deu aos filhos, fica evidente que ele não tentou passar um apagador em sua história. Ele declara que sua fé em Deus lhe dera recursos para manter o que chamamos hoje de saúde mental. O nome do primeiro filho confirma isso: "José chamou o filho mais velho de Manassés, pois disse: 'Deus me fez esquecer todas as minhas dificuldades e toda a família de meu pai'" (Gn 41.51). Não foi um esquecimento ignorado, apagado ou enterrado na memória. Em outras ocasiões, José também se lembra de todo o mal planejado pelos irmãos e chora muito (Gn 42.24; 50.19).

Para mim está claro que José elaborou e vivenciou as dores da própria história a fim de viver melhor e fazer diferente dali em diante. O nome do segundo filho, Efraim, é uma confirmação disso. Ele reconhece o sofrimento, mas percebe quanto prosperou ao afirmar mais uma vez como sua fé o ajudara (Gn 41.52).

Faltas e danos sofridos na infância, em lares disfuncionais ou em qualquer outra situação, não são fáceis de lembrar, relatar e transformar em lembranças e em força para a própria história. Ao relatar o próprio depoimento em seu livro *Me acuerdo: El exilio de la infancia*, Cyrulnik, referência mundial quando o assunto é resiliência, fala de quando seus pais foram presos e eliminados pelo nazismo. Órfão com apenas seis anos, foi cuidado e escondido por mais de vinte pessoas e em mais de vinte lares até o término da guerra. Por quarenta anos, ele não conseguiu lembrar e nem falar sobre os temores e as angústias desse período de sua vida. No entanto, quando finalmente conseguiu lembrar, reencontrar algumas pessoas e até visitar alguns dos lugares onde havia vivido na infância, viu-se com novos recursos para continuar cada vez mais fortalecido na vida.[14]

---

[14] Boris Cyrulnik, *Me acuerdo: El exilio de la infancia* (Barcelona: Gedisa, 2020).

# 5
## Desconexões emocionais

Não são apenas os elementos externos que podem causar desajustes e traumas capazes de afetar nossa saúde emocional. Tenho visto com frequência que o simples fato de sermos humanos e, portanto, falhos, pode causar algum tipo de distúrbio quando não queremos assumir nosso lado frágil e nosso sofrimento.

Nascemos de pessoas como nós, humanas e falhas, e ao longo da vida desenvolvemos cisões a fim de nos proteger. Freud chamou isso de mecanismos de defesa, que nada mais são que manifestações de autodefesa interna diante do sofrimento e das angústias, resultantes muitas vezes da rejeição, da falta de acolhimento e do desejo de aprovação e reconhecimento. Em um primeiro estágio, as cisões nos protegem e nos ajudam a sobreviver ao sofrimento emocional intenso.

Carl Rogers, um dos principais psicólogos do século 20, percebeu que muitos comportamentos não autênticos e indicativos de cisões são apenas um mecanismo que desenvolvemos desde a mais tenra idade para sermos aceitos, vistos e amados. Entretanto, quando encontramos um ambiente de acolhimento e aceitação, somos capazes de resgatar o que está cindido e tomar posse de nossa essência e nosso jeito de ser único, integrado e verdadeiro.[1]

O conceito de cisão humana não foi descoberto pela psicologia. Parmênides e Heráclito, filósofos gregos que viveram

---

[1] Carl Rogers, *Um jeito de ser* (São Paulo: E.P.U, 1986).

cerca de 500 anos antes de Cristo, já apontavam para a importância de lidar com a angústia da fragmentação humana e desenvolver uma filosofia do uno.[2] As Escrituras Sagradas, também muito mais antigas que a psicologia, referem-se com insistência sobre a importância da integralidade do ser humano (1Ts 5.23, Hb 4.12). Para o homem bíblico, ser inteiro é uma exigência importante. O homem torna-se inteiro quando não é mais fragmentado em suas contradições, quando, diante de Deus, traz a unidade de tudo o que há dentro dele. Portanto, a pessoa inteira é a que integra tudo que há nela e direciona para Deus:[3] "Meu coração está firme em ti, ó Deus; por isso te cantarei louvores *com todo o meu ser*" (Sl 108.1)

Na ótica bíblica, as cisões começam no jardim do Éden. O homem e a mulher desobedeceram. Erraram. Perceberam-se nus e, envergonhados, esconderam-se. Por isso, *a primeira cisão é a do ser humano em relação a Deus*. Incapazes de se apresentarem diante de Deus, o casal primevo se escondeu na tentativa de encobrir a verdade. Ao ser chamado por Deus, o homem respondeu: "Ouvi que estavas andando pelo jardim e me escondi. Tive medo porque eu estava nu" (Gn 3.10).

É fácil perceber como Adão respondeu com meias verdades. Ele teve medo porque tinha desobedecido e vergonha porque percebeu sua nudez. *Aqui aparece a segunda cisão: a cisão consigo mesmo.* Adão associa o sentimento de medo à nudez, negando a vergonha pela sua desobediência, ao fazer o que não lhe era permitido — é a dificuldade de ver-nos verdadeiramente. Meias verdades nunca indicam a realidade completa

---

[2] Anselm Grün, *O ser fragmentado: Da cisão à integração* (São Paulo: Ideias e Letras, 2013), p. 13.
[3] Ibidem, p. 15.

e nunca se tornam verdades inteiras. Ao contrário, podem se tornar mentiras inteiras, e, assim, vamos nos enxergando de maneira distorcida.

Deus, então, pergunta a Adão quem lhe dissera que estava nu. Deus lhe dá a chance de falar a verdade e lhe oferece a oportunidade de reconhecer seu erro. "Você comeu do fruto da árvore que eu lhe ordenei que não comesse?" (Gn 3.11). Mas Adão responde novamente com uma meia verdade ao não admitir sua responsabilidade: "Foi a mulher que me deste! Ela me ofereceu do fruto, e eu comi" (Gn 3.12). Como todos sabemos, Eva não obrigou Adão a comer da fruta. Ele poderia ter recusado. Mas não o fez e nem assumiu sua responsabilidade. Em vez disso, colocou a culpa na mulher e em Deus. *E aqui aparece a terceira cisão: a cisão do outro.*

Na Queda, portanto, o ser humano fica cindido em relação a si mesmo, ao outro e a Deus, com o agravante de responsabilizar o outro por seus fracassos. Quando Eva é questionada, ela culpa a serpente. Quando responsabilizamos outro ser humano ou um ser pertencente à esfera espiritual por nossas fraquezas, ausentamo-nos de nossa própria realidade e eliminamos qualquer possibilidade de mudança ou de escolha diferente das já assumidas. Se Adão tivesse dito: "Senhor, estou aqui, escondido, porque tenho medo de encontrá-lo. Desobedeci a sua ordem e fiquei muito envergonhado ao perceber minha nudez". Talvez a história da humanidade fosse outra, menos penosa.

A cisão é a pior tragédia para o ser humano. Viver sem nos dar conta de quanto estamos cindidos nos impede de desfrutar integralmente a vida. Talvez o comportamento rígido, duro e inflexível de boa parte das pessoas seja devido a uma cisão da qual ainda não tomaram conhecimento.

Quando lanço um olhar sob a ótica da psicologia à experiência do ser humano no Éden, percebo claramente que o avental de folhas usado por Adão e Eva para cobrir sua nudez pode simbolizar as máscaras atrás das quais nos escondemos a fim de encobrir nossas vulnerabilidades. Deus não condena o avental de folhas. Pelo contrário, no relato bíblico ele providencia uma proteção maior, uma cobertura feita de pele. Um animal morre para que homem e mulher se protejam da exposição da própria nudez.

Muitos teólogos e estudiosos da Bíblia veem nisso a indicação de que o elemento redentor da integração total do ser humano é a morte de Cristo Jesus no Calvário. Aqueles que aceitam a redenção através do Filho de Deus exposto na cruz encontram recursos que lhes permitem não mais esconder suas vergonhas e sua miserabilidade. A explicação é simples. Na crença cristã, o ser humano é aceito e amado pelo sangue derramado na cruz, e pode caminhar rumo a ela trazendo e expondo a própria nudez, sem medo da rejeição, sendo assim integrado. O que foi perdido no Éden pode ser totalmente restabelecido no Calvário. O autor da Carta aos Hebreus tinha essa convicção e convida todos a se achegarem a Deus: "Nosso Sumo Sacerdote entende nossas fraquezas, pois enfrentou as mesmas tentações que nós, mas nunca pecou. Assim, aproximemo-nos com toda confiança do trono da graça, onde receberemos misericórdia e encontraremos graça para nos ajudar quando for preciso" (Hb 4.15-16).

Mas é possível viver essa integração sem reconhecer a redenção de Deus através de Cristo e sem crer nela? Acredito que sim, mas será extremamente desesperador. Enxergar a própria nudez e a miserabilidade humana em nós mesmos sem crer que somos aceitos por um Pai amoroso, acolhedor e que nos vê através do sangue de seu Filho derramado na cruz, pode ser uma tarefa muita cansativa e penosa. Na fé de que somos aceitos por Deus, podemos também desenvolver uma aceitação amorosa de nós mesmos e, consequentemente, do outro.

Roger procurou ajuda psicológica porque se dizia muito ansioso, inquieto e explosivo. Nas reuniões de família, os parentes ficavam de sobreaviso e, cuidadosos, procuravam não provocar uma situação tensa em que ele pudesse se irritar, e explodir. À medida que o processo de autoconhecimento avançava, ele foi lembrando das cobranças de que fora alvo quando criança para ser alguém que correspondesse a todos os desejos e alegrias da mãe, que havia perdido o marido um pouco antes de Roger nascer. Era como se ele tivesse vindo com a missão especial de encobrir as angústias da mãe.

Quando finalmente conseguiu visualizar sua infância, Roger percebeu quanta raiva havia guardado. Raramente uma criança é capaz de assumir a raiva que sente da pessoa que dela cuida e que a protege. A cisão ganhou força dentro dele. Exilando em algum lugar da mente o menino que tinha de ser o "salvador" da mãe, Roger se tornou um homem carismático, sorridente e um amigo alegre. Ele havia cindido com o menino raivoso.

No entanto, tudo o que cindimos pula em nossa frente e nos domina quando menos esperamos, surpreendendo-nos, como se o que passamos a ser fosse um mal incontrolável. Não é. Trata-se simplesmente de nossa nudez sem avental de folhas. Assim, quando Roger constatou a intensidade da raiva que havia acumulado, primeiro contra a figura materna e depois contra aqueles que não respeitavam suas convicções, percebeu que não só extravasou sua raiva como claramente rompeu com todos os pactos unilaterais e decidiu tomar as próprias decisões e fazer as próprias escolhas para ajudar quem ele desejasse. Nesse processo de tomar consciência de seus sentimentos, pôde integrar a si o que estava cindido. Continuou a ser aquele homem carismático, mas adquiriu recursos internos para dizer "não" e para manter o diálogo em situações de contrariedade, sem as explosões de ira.

No caso de Evaristo, médico, pai de três meninas, os sintomas foram físicos. Ele começou a sentir dores na coluna cervical que o impediam de dormir. Desesperado pela sensação de que aquela dor nunca o deixaria, viu-se tomado pela angústia e pelo pavor de que não sobreviveria. Então buscou ajuda psicológica e psiquiátrica. Quando lhe foi solicitado que lembrasse de situações insolúveis em sua vida, ele fez o caminho de volta para a infância. Aos sete anos, descobriu que sua mãe, por quem tinha um apego afetivo muito forte, não era sua mãe biológica. Ele havia nascido de um caso extraconjugal do pai. A mãe biológica se negou a criá-lo, entregando-o ao pai e à esposa dele. O pai, no entanto, separou-se da esposa e, a partir desse momento, Evaristo passou a viver com a mãe biológica.

Evaristo perdeu, da noite para o dia, o convívio com a mulher que até então fora a mãe que o havia maternado e cuidado dele, tendo em seu lugar outra mulher com quem não possuía nenhum vínculo afetivo. Como se essa situação já não fosse suficientemente dolorosa, ele e o irmão passaram a presenciar brigas frequentes e violentas entre o pai e a nova mulher, situação que fazia os meninos, tomados pelo medo, se encolherem na cama.

Aos poucos, as lembranças lhe vinham à mente, como se retiradas de uma gaveta cheia. Ao abri-la, em um primeiro momento assustou-se e fechou-a. Mas voltou a abri-la gradativamente, sem pressa e em seu ritmo, descobrindo seu conteúdo e o que lhe pertencia. À medida que entrava em contato com esse conteúdo, foi tomado de muita dor, e expressou, no choro, seu sofrimento. O choro pode ser altamente terapêutico e em muitas histórias ajuda a eliminar a dor que permaneceu cristalizada em algum lugar da existência. Evaristo percebeu claramente que sua vida presente não apresentava nenhuma situação com a qual ele não pudesse lidar. A dor e a sensação de impotência, de estar passando por algo insuportável pertenciam ao seu passado, quando era uma criança desprotegida e vulnerável. Agora, consciente dos fatos, sentia-se capaz de ir em frente, de cuidar do presente e, se uma parte dele necessitasse de amparo, ele poderia optar por se proteger.

Fragmentações e cisões podem ocorrer em qualquer fase da vida. Mas o que tenho observado em meu trabalho é que as cisões mais profundas e desconfortáveis se encontram na infância. Talvez por isso muitos não se lembrem de nada prazeroso ou, menos ainda, do que foi doloroso, vivenciado e sentido nessa fase:

> A forma como nos relacionamos é, em grande medida, determinada pela nossa infância. Se crescermos num mundo marcado pelo excesso de crítica, hostilidade, abandono, insegurança, rejeição e culpa, nossa tendência é construir modelos relacionais que de uma forma ou outra nos protejam dos medos que trazemos da infância. Podemos nos tornar crianças adultas inseguras, que optam pela manipulação e controle ao invés do amor e da entrega.[4]

Eu era líder do departamento de mulheres da minha igreja e desempenhava minhas funções de forma altamente eficiente. Mas em muitas situações me percebia agressiva. Embora

---

[4] Ricardo Barbosa, *O caminho do coração* (Curitiba: Encontrão Editora, 1996), p. 157.

algumas vezes minhas auxiliares mencionassem minha competência, também se queixavam de minha postura dura e pouco gentil. Só quando escolhi submeter-me ao processo de psicoterapia, percebi que muito do meu comportamento agressivo não era proposital. A violência verbal ou a postura agressiva aflorava sem que eu me desse conta. Como eu estava determinada a me ver por inteiro, decidi rever em minha história situações nas quais senti muita dor e raiva sem, contudo, expressá-las.

Depois de algum tempo e esforço, pude trazer à memória fatos do passado em que me senti constantemente desamparada e enraivecida por não receber o afeto e o cuidado de que, como criança, eu precisava. Nesse processo dolorido consegui lembrar de comportamentos violentos de minha mãe que contribuíram para minhas próprias cisões.

Por causa de uma surra, com corda, por volta dos dez anos, que a meu ver fora altamente injusta, decidi que não choraria. E não chorei. Mas a partir daquele dia, anestesiei minha capacidade de sentir dor ou tristeza. Essa escolha me ajudou a suportar muitos trancos na vida, mas também anestesiou minha capacidade de exultar nas alegrias.

Um dia contei uma experiência dolorida ao meu psicoterapeuta, rindo como se fosse algo alegre. Ele se surpreendeu. Como eu poderia contar algo tão dolorido com um sorriso? Meus sentimentos não eram condizentes com o que eu expressava corporal e verbalmente. Psicólogos e médicos treinam ouvidos e olhos para ouvir e ver o que muitas vezes as pessoas que os procuram não mencionam, não veem e sequer percebem, mas que de alguma forma revelam. Naquele dia, revelei quão cindida me encontrava. Meu sorriso apenas revelava que algo bem dolorido em minha vida me levara a uma cisão interior.

Está muito bem colocado o que Frejat canta: "...rir é bom, mas rir de tudo é desespero".[5]

A pergunta do psicoterapeuta também me fez perceber minha desconexão. A partir daquele momento comecei a refletir e a me esforçar para trazer à memória não só a surra não chorada, mas toda e qualquer dor da minha vida da qual eu estava cindida. Uma vez lembrada, podemos experienciar, visceralmente, a dor até então bloqueada. Não se trata apenas de lembrar mas de também sentir o que foi isolado e que permaneceu como que congelado em algum lugar de nossa existência.

À medida que fui me lembrando, também fui me permitindo sentir, e muitas lágrimas fluíram, diluindo todo o sofrimento até então cristalizado em minha vida. Aos poucos, fui me vendo entristecer por acontecimentos tristes, enraivecer por situações injustas, mas também pular de alegria com as coisas boas ao redor, me extasiar com as comidas saborosas e me encantar ao deparar com um lindo visual da natureza.[6] Minha saúde mental fora restabelecida relativamente aos sentimentos de prazer e de dor. Mas isso só foi possível porque um profissional abriu espaço para que eu externasse todo e qualquer sofrimento.

Quando não lembramos e não tratamos de rever as possíveis angústias armazenadas no recôndito do nosso ser, corremos o risco de repetir exatamente o que mais nos feriu. E assim vamos disseminando a falta de saúde mental.

O mais importante de resgatar tudo que faz parte da nossa vivência — ainda que seja um processo dolorido — é que

---

[5]Frejat, "Amor pra recomeçar", álbum *Amor pra Recomeçar* (Warner Music Brasil, 2001).

[6]D. W. Winnicott, *Tudo começa em casa* (São Paulo: Martins Fontes, 1999), p. 71.

muitas vezes, junto com o que foi deixado à parte, estão aspectos positivos que se acham perdidos e excluídos de nós mesmos. Vivenciar as faltas e as ofensas guardadas na memória foi muito doloroso para mim, mas à medida que fui expressando verbalmente e chorando minha própria dor, fui me libertando da agressividade que transparecia em minha comunicação. Não me tornei perfeita, claro. A força permaneceu, mas agora acompanhada da ternura e do acolhimento que até então jaziam com os sentimentos doloridos excluídos da minha lembrança e da minha vida cotidiana.

Muitos cristãos temem rever o passado por acreditar que isso contraria a proposta de Paulo: "esquecendo-me do passado e olhando para o que está à frente, prossigo para o final da corrida" (Fp 3.13-14). A questão é que só podemos deixar para trás aquilo de cuja existência, no presente ou no passado, tomamos consciência. Podemos descartar de nossa vida as coisas antigas, que perderam o sentido e que já não nos servem, como nos admoesta Paulo, mas para isso é preciso tomar conhecimento delas e livrar-nos do que recebemos de tóxico. Só então poderemos traçar um novo roteiro ou usar novas vestimentas para a caminhada da vida.

Quando olhamos para o evangelho e o começo da era cristã, descobrimos um intenso chamado para sermos inteiros, completos. Segundo Jung, isso significa ter consciência da própria sombra e tirar proveito do que ela pode nos ensinar. Cristo, no famoso e tão importante Sermão do Monte, alerta aqueles que talvez estejam olhando mais os outros e reparando mais neles que em si mesmos: "Por que você se preocupa com o cisco no olho de seu amigo enquanto há um tronco em seu próprio olho?". Jesus os exorta a cuidar primeiro das próprias trevas a fim de obter recursos para ajudar outros a cuidarem de si mesmos. "Como pode dizer a seu amigo: Deixe-me ajudá-lo a tirar o cisco de seu olho, se não consegue ver o tronco que está em seu próprio olho" (Mt 7.3-4).

Tiago, meio-irmão de Cristo, em sua carta aos cristãos dispersos pela perseguição, deixa claro que nossas iniquidades nos adoecem, mas que a confissão de pecados e o interesse genuíno mútuo por meio da oração pode trazer cura (Tg 5.16). Só estamos prontos para confessar quando tomamos conhecimento de quem realmente somos e percebemos quão falhos somos nos próprios relacionamentos.

Se as comunidades e igrejas cristãs tivessem levado essas ordens mais a sério, talvez a psicologia não fosse tão necessária. Por isso, vejo que Deus também vem ao encontro do ser humano por meio da ciência, porque está genuinamente interessado no bem-estar da sua criação e deseja que vivamos melhor neste mundo.

Há caminhos que nos conduzem à saúde mental, e a integração emocional é um deles. Como seguidores de Cristo Jesus somos chamados a promover a saúde, não só a espiritual mas também a mental. Quando Jesus ressuscita a filha de Jairo, Lázaro e o único filho da viúva (Mc 5.21-43; Jo 11.1-44; Lc 7.11-17) além de devolver-lhes a vida física, também lhes dá a oportunidade de viver de um novo jeito. O que revela que o desejo de Deus é que vivamos bem já aqui na terra.[7]

---

[7] Esther Carrenho, *Ressurreição interior* (São Paulo: Vida, 2003).

# 6
# Sofrimento emocional e mental de personagens bíblicos

Vários personagens bíblicos apresentaram, em determinados momentos, um comportamento característico de um possível desajuste emocional. O interessante é que, em todas essas situações, podemos observar o cuidado amoroso do Pai. Não há um registro sequer de algum tipo de condenação ou de exortação. Deus ouve e vê, com zelo, o sofrimento emocional de cada um, e, de alguma forma, percebemos uma mobilização divina para a restauração dessa pessoa em sofrimento.

Por causa do discurso evangélico triunfalista — que prega a vitória, o sucesso e a alegria como sinais de fé e de uma vida cristã verdadeira —, temos dificuldade em aceitar a tristeza, o desânimo, a raiva, o medo e outros sentimentos desconfortáveis para nós e para o outro. No entanto, há vários exemplos de personagens bíblicos que viveram momentos angustiantes e foram claramente amparados por Deus. Elias foi um deles.

## Elias

O profeta havia enfrentado e exterminado corajosamente 450 profetas de Baal. Havia orado a Deus para que não chovesse e, depois, por chuva — e Deus escutou suas orações. Além disso, Elias demonstrou energia física e mental para correr numa velocidade superior à da carruagem do rei Acabe. Mas, ao receber o ultimato de Jezabel, mulher de Acabe, de que em

24 horas seria eliminado, Elias sentiu muito medo e, sem forças, escondeu-se, sintomas próprios do que hoje chamamos de depressão grave.[1]

Ele isolou-se em um lugar onde dificilmente seria encontrado, evitando contato até com o próprio servo, seu provável discípulo. Escondido e longe de todos, o relato bíblico diz que Elias eleva aos céus uma oração que revela um estado emocional crítico: "Depois, foi sozinho para o deserto, caminhando o dia todo. Sentou-se debaixo de um pé de giesta e orou, pedindo para morrer. 'Já basta, Senhor', disse ele. 'Tira minha vida, pois não sou melhor que meus antepassados que já morreram'" (1Rs 19.4).

O desejo expresso nesse pedido confirma o que atualmente chamamos de ideação suicida. Embora não diga que tirará a própria vida, o profeta demonstra o desejo de não mais viver. Apresenta alteração no sono e na alimentação, dormindo exageradamente e deixando de alimentar-se. Deus, então, amorosamente[2] manda a seu encontro um anjo, que o acorda e lhe oferece alimento. Quando Elias volta a dormir, o anjo o desperta mais uma vez e o alimenta, estimulando-o a caminhar até o monte Horebe, onde Deus se manifestaria a Elias.

Elias tem uma experiência incrível com o Todo-poderoso, que não o censura nem o exorta. Em nenhum momento o texto bíblico trata a depressão como manifestação demoníaca e tampouco insinua que Elias estivesse sendo negligente com sua vida espiritual ou com suas obrigações. Uma vez providenciado o alimento e restaurada a energia, Elias se desloca

---

[1] A história de Elias é relatada em 1Rs 17.1—2Rs 2.18.
[2] Esther Carrenho, *Depressão: Tem luz no fim do túnel* (São Paulo: Vida, 2007), p. 148.

até o Horebe, num encontro onde toma consciência de sua realidade, antes distorcida, como é comum entre os deprimidos. Durante o período de depressão, ele não conseguiu ver ninguém em torno de si, mas Deus lhe diz que ele poupara sete mil israelitas e confia a Elias a tarefa de ungir Eliseu, como novo profeta, e Hazael e Jeú, como reis da Síria e de Israel, respectivamente.

## Moisés

A história de Moisés também apresenta vários episódios do que hoje chamamos de desequilíbrios emocionais ou de uma vida emocional mal resolvida. O primeiro deles ocorre quando Moisés, então com quarenta anos, resolve visitar suas origens e vai até o local em que seus conterrâneos viviam. Ao presenciar a violência injusta de um feitor contra um israelita, Moisés é tomado de tamanha fúria que mata o agressor e esconde seu cadáver na areia (Êx 2.11-15). Não conseguindo controlar e administrar a raiva, sua fúria explodiu em violência contra o feitor, demonstrando um comportamento mais violento que o apresentado pelo egípcio.

Quando não aprendemos a lidar com o sentimento de raiva costumamos negá-lo ou reprimi-lo, assim, esse sentimento vai se acumulando em nossa memória emocional. Com o decorrer do tempo, uma ação ou um comportamento que lembre fatos do passado que nos irritaram pode provocar uma explosão violenta de todo o depósito de raiva até então guardada.

Não há registros dos detalhes que levaram Moisés a reagir tão violentamente. Mas, quando lançamos um olhar sob a ótica da psicologia à sua história de vida e à época em que ele nasceu, podemos concluir sem muita dificuldade que Moisés era filho de um contexto de muita injustiça. E injustiça, em geral, provoca muita raiva, que se não administrada pode desencadear violência. Antes mesmo de seu nascimento, Moisés estava condenado à morte, injustamente, claro. O faraó e seus assessores temiam perder o poder político para os hebreus e entenderam que a melhor maneira de evitar isso era eliminar todos os bebês do sexo masculino. Na época, as mulheres não ofereciam nenhum risco pois, ainda que pudessem influenciar decisões, havia pouca ou nenhuma possibilidade de ascenderem a cargos de poder político.

Moisés, então, foi adotado ainda bebê pela princesa, a filha do faraó, e foi criado por sua mãe biológica até o desmame. Na época, o desmame poderia ocorrer até por volta dos seis anos, o que significa que ele só foi para o palácio egípcio quando já era crescido (Êx 2.9-10). Foi também nesse momento que ele passou a ser chamado de Moisés, nome recebido de sua mãe adotiva. Mas, se ele recebeu esse nome ao chegar ao palácio real, fico imaginando qual teria sido seu nome durante o período em que estivera entre os hebreus e como essa mudança de nome pode ter afetado suas emoções.

Hoje sabemos que esse tipo de mudança, incluindo a alteração de nome quando já não somos tão bebês, pode trazer marcas doloridas em nossa vida, o que mostra claramente o contexto injusto em que Moisés estava inserido. É provável que ele não tenha tido oportunidade de lidar com esses fatos de sua história a fim de elaborá-los e integrá-los à própria vida de modo a transformar a provável dor sofrida em algo positivo para si mesmo e para outros. É possível que sua reação violenta, diante da revolta que pode ter se originado em sua própria história, tenha sido uma tentativa de lidar com as situações injustas a que seu povo estava submetido. A fúria adormecida de Moisés, nunca tratada, pode ter sido despertada pelo gatilho da injustiça praticada pelo feitor, desembocando numa violência descontrolada a ponto de torná-lo um assassino.

Acredito que a violência praticada por Moisés provocou, no mínimo, um atraso na libertação do povo hebreu. Embora os planos de Deus não possam ser frustrados (Jó 42.2), o adiamento de alguns projetos tem a permissão divina. Moisés precisa fugir para salvar a própria pele. Suas duas cidadanias, duas culturas, duas mães e seus dois idiomas, ou mais, não podem ajudá-lo a proteger a própria vida da fúria dos governantes do Egito. Ele então vai para o deserto e durante mais de quarenta anos constrói uma vida totalmente diferente da que tivera no palácio egípcio. Tudo indica que, nesse período de reconstrução de um novo jeito de viver, Moisés lidou com a explosão violenta que o fez fugir, uma vez que, anos depois, ele se descreve como "o homem mais manso de toda a terra" (Nm 12.3).

Deus não desistiu de Moisés. Sua história cheia de injustiças foi exatamente o que lhe concedeu todos os recursos necessários para tornar-se o libertador do povo israelita da escravidão egípcia. Milagrosamente, Deus apareceu a Moisés em um arbusto em chamas, mas que não queimava, nem se apagava. Moisés se aproximou e percebeu com clareza que o Todo-poderoso contava com ele para libertar o povo do jugo e do poder tirano do faraó: "Agora vá, pois eu o envio ao faraó. Você deve tirar meu povo, Israel, do Egito" (Êx 3.10). No entanto, Moisés apresentou desculpa atrás de desculpa para não voltar ao Egito. Ele disse que os israelitas não acreditariam em seu relato de que o Senhor lhe havia aparecido. Ele ainda se sentia temeroso pelo ocorrido no passado e pensava que os hebreus não acreditariam que ele pudesse vir a ser o líder de Israel. Deus, então, lhe concedeu poderes especiais (como o de transformar uma vara em uma cobra), a fim de convencer o povo.

Mas, embora ficasse claro o fato de que possuía uma missão especial, Moisés ainda dá outra desculpa, com base em sua dificuldade de falar.[3] Deus aceita a dificuldade apresentada sem nenhuma condenação e escolhe um porta-voz para ele, seu irmão Arão. Fico profundamente tocada com o respeito de Deus pelo medo e pela insegurança de Moisés, que o faziam sentir-se incapaz de realizar o trabalho que lhe era confiado. Deus, porém, concede-lhe recursos e meios para que ele execute a tarefa que lhe fora designada. Finalmente, Moisés concorda e assume a difícil função de libertador do povo israelita da escravidão no Egito.

Já na liderança do povo através do deserto, vemos Moisés totalmente esgotado, irritado e desanimado. Ele atendia o povo "desde a manhã até o pôr do sol" (Êx 18.13), e além de ouvir todo tipo de lamúria e queixa dos israelitas, que sofriam no deserto, ainda havia as acusações pelo desconforto da mudança. Completamente exausto, Moisés atinge o limite de suas forças emocionais e físicas. A esse tipo de estresse, que pode desencadear uma grave depressão, chamamos hoje de *burnout*, estado em que a pessoa atinge a exaustão extrema em razão do excesso de trabalho e atividades aliados à ausência de descanso. Moisés, mais adiante em seu ministério, expressa a Deus todo seu cansaço e esgotamento, recusa-se a continuar conduzindo o povo e chega a pedir que Deus o mate (Nm 11.10-15). Mas Deus mais uma vez não o condena. Pelo contrário, Deus

---

[3] Talvez essa dificuldade seja oriunda no fato de que Moisés passou os primeiros três meses de sua vida escondido e, provavelmente, impedido de chorar (Êx 2.1-4).

usa Jetro, o sogro de Moisés, para ajudá-lo a aliviar o trabalho excessivo sem desamparar os necessitados.

O capítulo 18 do livro de Êxodo relata a visita de Jetro que, percebendo o excesso de atividades de Moisés, apresenta-lhe um plano de delegação das atividades de atendimento do povo a homens que revelassem possuir qualidades condizentes com as requeridas para tal função. Deus, por sua vez, os capacita para o trabalho de auxílio na solução de problemas, dando espaço a Moisés para se recompor. E, assim, Moisés reúne forças para subir ao monte Sinai e dar continuidade a sua função de libertador e condutor do povo pelo deserto.

## Jó

A história de Jó, apresentado nas Escrituras como um homem justo e temente a Deus, mostra-nos mais um caminho para a saúde mental: expressar os sentimentos, mesmo os doloridos e difíceis. No relato bíblico, o diabo recebe permissão de Deus para mexer com a vida de Jó. E, quase que de uma só vez, Jó perde tragicamente propriedades, bens materiais, filhos e a saúde.

No início, Jó consegue racionalizar e compreender que é Deus quem dá e tira, mas ao entrar em contato com a dor da alma — algo comum quando passamos por perdas — Jó expressa sua profunda angústia, a ponto de desejar ter morrido logo após nascer. Amaldiçoando tudo em torno do dia em que sua mãe lhe deu à luz, Jó conclui: "Não tenho paz, nem tranquilidade, nem descanso" (Jó 3.26).

Ao expressar essa dor insuportável desencadeada pelas perdas, Jó não é compreendido pelos amigos Elifaz, Bildade e Zofar. Embora esses homens tenham se mostrado bons amigos e com capacidade de demonstrar alguma empatia mantendo-se em silêncio por sete dias, eles partem para a acusação, responsabilizando Jó por seu infortúnio, em vez de simplesmente se fazerem presentes e prontos para ouvir. E as acusações não pararam, mesmo depois de Jó implorar para ser escutado (Jó 21.1-3).

A partir do capítulo 38, Deus começa a responder a Jó em meio à tempestade, apresentando-se e revelando-lhe quem ele é. Jó é aceito por Deus em suas dores mais profundas e em suas indagações. Mesmo em meio ao quase nada que lhe restara, Jó não só é capaz de perceber como também de ver o poder do Deus onipotente. Nesse momento, Jó pode até não ter entendido todos os danos que sofrera, mas relata sua experiência com o Altíssimo ao declarar que o conhecimento adquirido está metabolizado em sua própria vida: "Antes eu te conhecia de ouvir falar, mas agora eu te vi com meus próprios olhos" (Jó 42.5).

### Davi

O rei Davi foi um homem muito conectado aos próprios sentimentos, deixando que sua emoção simplesmente escoasse por meio da poesia e dos cânticos. Conforme o livro de Salmos, ele aparentemente sabia que Deus o acolhia sem nenhum tipo de recriminação: "Conheces bem todas as minhas angústias; recolheste minhas lágrimas num jarro e em teu livro registraste cada uma delas" (Sl 56.8).

Não sei o que veio à lembrança de Davi ao escrever nesse cântico sobre suas lágrimas e angústias; talvez estivesse lembrando de uma situação desesperadora, como a relatada em 1Samuel 30, por exemplo. Certa vez, enquanto fugia de Saul, Davi retornou com seus soldados ao acampamento onde estavam hospedados com sua família. Ao chegar ao local, Davi encontrou tudo destruído e vazio —os filhos, as filhas e esposas de seus homens haviam sido capturados pelos amalequitas. O relato diz que Davi e seus seguidores "lamentaram e choraram em alta voz até não aguentar mais" (1Sm 30.4).

Depois de tamanha expressão de dor, lemos que o futuro rei de Israel "encontrou forças no Senhor, seu Deus" (1Sm 30.6) a fim de partir em busca daqueles que haviam sido sequestrados.

Davi era hábil em expressar seus sentimentos e os registrava por escrito. Os salmos reúnem seus relatos de tristeza, medo, desânimo, desejo de fuga e até de vingança. Em todo o Antigo Testamento, encontramos exemplos de liberdade e de autorização para expressar sentimentos, tanto de alegria como de tristeza. Mardoqueu, tio da rainha Ester, ao tomar conhecimento do decreto que dizimaria todo o povo judeu, não se constrangeu em expressar seu sentimento: "Quando Mardoqueu soube de tudo que havia acontecido, rasgou suas roupas, vestiu-se de pano de saco, cobriu-se de cinzas e saiu pela cidade, chorando alto e amargamente" (Et 4.1). Foi a partir dessa demonstração de dor que Ester soube do veredito de morte decretado para seu povo e pôde, assim, tomar providências para mudar esse decreto, correndo riscos, incluindo o de perder a vida. E ela conseguiu evitar o primeiro genocídio do povo judeu.

O rei Ezequias é outro personagem bíblico que expressou seu sofrimento. Primeiro, ele recebeu a notícia do iminente ataque do rei da Assíria, uma ameaça que traria destruição e miséria a todos. Ezequias rasgou as roupas, vestiu-se com panos de saco e enviou seus auxiliares, todos igualmente vestidos de saco e cinzas, ao profeta Isaías para que ele consultasse o Senhor sobre essa situação; esta foi a mensagem do rei ao profeta: "Hoje é um dia de angústia, insulto e muita humilhação" (2Rs 19.3).

Mais tarde, quando Ezequias adoeceu com uma grave enfermidade, o profeta Isaías o visitou informando que seus dias estavam por terminar. Ao ouvir esse diagnóstico, Ezequias clamou em alta voz e chorou amargamente (2Rs 20.1). Antes de sair do palácio, onde fora anunciar ao rei seu breve fim, Isaías voltou à presença de Ezequias para informar-lhe que Deus ouvira sua oração, vira seu choro e por isso acrescentaria mais quinze anos a sua vida.

Embora nem sempre Deus responda positivamente a uma oração, ele certamente nunca está alheio a manifestações de dor e de sofrimento. A modernidade, contudo, eliminou a possibilidade de aceitação pública da tristeza e do lamento. Vivemos uma época bastante hedonista, cuja proposta é sentir-se constantemente bem e animado. Com frequência ouvimos que felizes são os que estão sempre alegres. Nada mais enganoso. Há muitas situações de perda na vida. Perdemos pessoas, não só pela morte, mas também pelo rompimento de amizades, vínculos e relacionamentos devido a brigas, divórcio e mudanças geográficas. Perdemos a saúde, muitas vezes acompanhada de um diagnóstico que aponta para a fim da vida terrena. Nessas situações o mais saudável é despedir-se do que já não existe, como do corpo totalmente sadio, e desfrutar da vida que ainda está disponível. Expressar medo pelo que pode acontecer e lamento ou dor pelo que já não existe é saudável e aceito por Deus.

Infelizmente, porém, muitas instituições religiosas cristãs também entraram nessa fase hedonista e tentam conduzir e induzir seus seguidores ao sorriso permanente. É fato que, uma vez experimentada a redenção no Calvário, somos chamados a viver um verdadeiro contentamento interior. No entanto, isso não significa que precisamos sorrir todo o tempo ou fingir uma alegria inexistente a fim de que esse contentamento se torne realidade. O simples fato de que, mesmo diante de tragédias e infortúnios que nos fazem derramar lágrimas, nosso coração se veja fortalecido pelo prazer da presença do Pai consolador já é um contentamento real.

# 7
# Como Cristo lidou com os próprios sentimentos

Deus nos fez à sua imagem e semelhança. E essa identidade divina no ser humano tem início na Criação. Nesse relato bíblico, encontramos duas dimensões: o pó ou barro, material usado por Deus para formatar o ser; e o sopro da vida, dado por Deus, nas narinas do ser formatado em figura humana. Algo de Deus entra no que foi construído do barro.

Como se não bastasse essa identidade já estabelecida, temos a encarnação de Cristo, que nasce como bebê e vem viver em nosso meio. O bebê é frágil e dependente, e como bebê Cristo precisou dos cuidados de sua mãe, Maria. Como humano, Deus experimentou a maior fragilidade e dependência. Calçou os "sapatos humanos", identificando-se com nossa humanidade e assim revelando-se a nós, de modo a abrir-nos o caminho para a aceitação de nossas fragilidades a fim de vivermos melhor. O relato dos Evangelhos nos permite não só observar os sentimentos de Cristo Jesus enquanto viveu entre nós, mas como lidou com eles.

Embora o lado emocional de Deus já havia se revelado no Antigo Testamento, em vários textos que registram sua ira e tristeza,[1] é com o nascimento de Cristo que podemos conhecer de perto a natureza emocional divina. É o próprio Cristo quem

---
[1] Veja, por exemplo: Êx 32.9-10; Nm 11.1; Jr 44.3.

afirma que "quem me vê, vê o Pai" e "eu e o Pai somos um" (Jo 14.9; 10.30).

Muitos de nós, cristãos, temos uma visão distorcida de quem Cristo foi e de como ele viveu. Temos dificuldade em vê-lo divino e humano ao mesmo tempo. E de fato é difícil. Jesus nunca perdeu a natureza divina, mas viveu entre nós e experimentou todos os possíveis sentimentos humanos, como afirma Hebreus 4.15. Ficamos como que cegos para perceber seu lado emocional, que se alegra nas refeições com amigos, mas também se entristece. Jesus se cansou durante as viagens e sentiu sede; ele chorou e se enraiveceu. Em todas as situações emocionais, Cristo sempre agiu de forma adequada. Jesus respeitava, aceitava e expressava os próprios sentimentos.

Cristo experimentou a dor do luto quando Lázaro, um amigo querido, morreu.[2] Maria, a irmã de Lázaro, estava desolada. Já se haviam passado quatro dias da morte e da ausência do irmão, que ao que tudo indica morreu precocemente, e isso ainda tocava o mais fundo de sua alma. Para muitas pessoas, os primeiros dias após a morte de um ente querido soam como se a própria vida se ausentasse delas, restando apenas o vazio e o desespero da separação. No episódio da morte de Lázaro, Cristo, ao chegar a Betânia — cidade onde Lázaro e sua família moravam —, busca consolar Marta, que se revela um pouco ressentida com ele pela demora. No entanto, quando encontra Maria, ele não lhe diz nada, apenas chora, identificando-se com sua dor. Como Deus, ele sabia que Lázaro voltaria a viver em seu corpo terreno, mas como humano foi capaz de compreender a revolta de Marta, apontando-lhe a ressurreição, e empatizar com Maria, conectando-se com seu sofrimento.

---

[2] A história da ressurreição de Lázaro é relatada em João 11.1-44.

Jesus também chorou de tristeza quando, de um dos pontos altos da cidade, viu a dureza de coração dos moradores de Jerusalém. Ele lamentou porque, mesmo tendo passado pela cidade várias vezes, os moradores continuavam cegos e alheios ao fato de que Deus, na pessoa de Cristo, caminhava e vivia entre eles. Ele previu a destruição de Jerusalém e chorou uma vez que a cidade seria praticamente obliterada (Lc 19.41-44). No Getsêmani, sentiu-se profundamente triste e angustiado, antevendo toda a dor e todo o escárnio que sofreria com sua prisão e crucificação. Marcos descreve a profundidade dessa dor ao relatar as palavras de Jesus: "Minha alma está profundamente triste, a ponto de morrer" (Mc 14.34), ou seja, a dor era tão profunda que a ela sobrevinha o desejo de morrer, tão comum para nós, seres humanos, quando a vida se torna pesada demais.

Jesus também sentiu raiva em pelo menos três episódios registrados nos Evangelhos. Muitos de nós negamos e camuflamos a raiva por considerá-la um sentimento menos honroso. Sentir raiva, no entanto, é diferente de apresentar um comportamento violento. Ela pode ser legítima.[3] Cristo sentiu raiva, mas não reagiu com violência contra as pessoas. Mesmo no templo, quando João afirma que ele fez uso de um chicote, não há nenhum registro de que ele tenha agredido alguma pessoa. O mais provável é que o tenha usado para espantar os animais expostos para venda. Essa é a primeira situação que mostra a ira de Jesus (Jo 2.13-25). Tudo indica que a prática do comércio no Templo consistia em explorar os menos favorecidos. Cristo Jesus não suportou a exploração daqueles que não tinham voz para se defender. Sua indignação foi tanta que

---

[3] Esther Carrenho, *Raiva: Seu bem, seu mal* (São Paulo: Vida, 2005).

Jesus — sem ferir ninguém — expulsou todos os comerciantes e suas mercadorias, como ovelhas e bois. Dessa forma, Jesus desfez as transações desonestas, destruiu o covil de ladrões, mas preservou a integridade física tanto dos compradores como dos comerciantes.

A segunda situação ocorreu no episódio da cura milagrosa de um homem cuja mão era deformada (Lc 6.6-11). Esse milagre aconteceu em um sábado e dentro de uma sinagoga, cujos líderes estavam mais preocupados com a lei de guardar o sábado do que com a saúde daquele homem. Marcos, um dos Evangelistas que relataram esse milagre, descreveu assim o sentimento de Jesus:

> Jesus disse ao homem com a mão deformada: "Venha e fique diante de todos". Em seguida, voltou-se para seus críticos e perguntou: "O que a lei permite fazer no sábado? O bem ou o mal? Salvar uma vida ou destruí-la?". Eles ficaram em silêncio. Jesus olhou para os que estavam ao seu redor, irado e muito triste pelo coração endurecido deles. Então disse ao homem: "Estenda a mão". O homem estendeu a mão, e ela foi restaurada
>
> Marcos 3.3-5

A indignação de Cristo deu-se pela dureza do coração desses líderes e pela falta de compaixão com aquele homem. E ali, numa sinagoga judaica e durante um sábado, restaurou-lhe a mão. O sábado de descanso foi estabelecido por Deus, mas as regras — como a proibição de curar alguém no *Shabat* — eram invenções humanas. E Cristo Jesus sempre valorizou mais a pessoa que as regras humanas.

A terceira situação em Jesus mostrou sua indignação aconteceu quando seus discípulos começaram a afastar os pais que traziam as crianças para que ele as abençoasse:

Ao ver isso, Jesus ficou indignado com os discípulos e disse: "Deixem que as crianças venham a mim. Não as impeçam, pois o reino de Deus pertence aos que são como elas. Eu lhes digo a verdade: quem não receber o reino de Deus como uma criança de modo algum entrará nele". Então tomou as crianças nos braços, pôs as mãos sobre a cabeça delas e as abençoou.

Marcos 10.14-6

Jesus nunca negou seus sentimentos e nem deixou de expressá-los. A diferença entre ele e a maioria de nós é que sua raiva se manifestou com o intuito de defender os vulneráveis e desprotegidos. Aqueles que não tinham voz e eram desprezados e rejeitados por quem detinha a autoridade e o poder de fazer alguma diferença na vida dos necessitados. Jesus sempre recebeu e olhou com interesse para qualquer pessoa que o procurasse. Rico ou pobre, israelita ou estrangeiro, ele não fez diferença quanto a classe social ou raça. Mas expressou sua indignação perante a exploração do pobre, no templo, a frieza e a insensibilidade dos líderes religiosos com o deficiente e a dureza dos discípulos para com as crianças, ao impedi-las de se aproximarem dele. Enraiveceu-se, defendeu e protegeu os que estavam indefesos e em situação de fragilidade.

Jesus soube lidar muito bem com as críticas, injúrias e as injustiças de que era alvo. Foi acusado de comilão, beberrão e até de ser um demônio, mas nunca reagiu às acusações discutindo, defendendo-se ou justificando-se. No entanto, quando a injustiça era cometida contra os que viviam excluídos e à parte dos grupos sociais da época, mostrou sua raiva, dando, assim, voz aos que não tinham.

Como cristãos, somos chamados também a defender os desprotegidos e os injustiçados. Um bom exemplo disso foi o fato ocorrido em 1928 e retratado no filme *A troca*. O filho de Christine Collins, uma mulher divorciada, desaparece inexplicavelmente. A polícia, que não dá ao caso o tratamento devido, condena a mãe, tachando-a de doente mental. Em seu socorro vem o reverendo Gustav Brigleb, pastor de uma igreja local e que tinha um programa de rádio que tratava de causas humanitárias e denunciava os desmandos da polícia. Brigleb resolve interferir no caso daquela mulher mesmo sem ela pertencer à membresia de sua igreja. Ele a defende e protege, lutando até conseguir a liberdade dela.

Penso que Cristo é o nosso exemplo quando se trata de nossa conexão com os próprios sentimentos. E ele também é nosso exemplo no que diz respeito à nossa conexão com o próximo — principalmente quando vemos alguém em situação de vulnerabilidade e injustiça.

# 8
# Prevenção do adoecimento mental

**Na esfera familiar**

As necessidades primárias do ser humano são aceitação, amor e aprovação, e quando essas necessidades não são supridas desde o nascimento — ou melhor, desde a gestação —, as portas se fecham para uma saúde mental adequada. Futuros pais e pais de crianças ainda pequenas precisam preparar os filhos a fim de fortalecer neles os recursos necessários à medida que crescem e se tornam adultos.

Como já dissemos, o ser humano nasce frágil e desprotegido não só física, mas também emocionalmente. Apesar disso, como a formação da criança, diferentemente dos animais, leva alguns anos até atingir o estágio adulto, os pais têm bastante tempo, durante o crescimento dos filhos, para rever, em si mesmos, atitudes e comportamentos que reconheçam incorretos e que favorecem o adoecimento psíquico. Uma vez reconhecidos esses problemas, é possível admitir onde erraram e, na medida do possível, reparar o mal causado.

Em uma de suas cartas, Paulo faz um alerta aos pais: eles não devem irritar os filhos, sob pena de desanimá-los (Ef 6.4) Aos filhos, a ordem é que obedeçam os pais (Ef 6.1-2), uma tarefa fácil quando os pais, embora estabeleçam limites, são amorosos, pacientes e cuidadosos. O pastor e especialista em aconselhamento familiar Erlo Aurich traz um importante questionamento para reflexão: "Pai e mãe estão irritadiços porque filhos não obedecem ou estes não obedecem porque pais e mães estão irritadiços?".[1]

Homens e mulheres que se preparam de corpo, mente e coração para se tornarem pais amorosos, acolhedores e protetores de cada criança que gerarem ou adotarem, com certeza, irritarão bem menos seus filhos. Consequentemente, não só receberão obediência como resposta, mas formarão seres humanos mais bem fortalecidos para enfrentar as possíveis agruras da vida. Boris Cyrulnik foi uma das muitas crianças francesas que, após a Segunda Guerra Mundial, ficaram órfãs. Ele sobreviveu, tornou-se neuropsiquiatra e foi o profissional que mais desenvolveu o conhecimento e a prática da resiliência. Cyrulnik reconhece que, mesmo sem se lembrar muito bem de como fora sua interação com os pais, e em especial com a mãe, foram aqueles anos de convivência que o ajudaram a desenvolver recursos mentais e psicológicos para enfrentar a orfandade na vida pós-guerra e a tornar-se essa pessoa que tanto tem contribuído para a formação de outros seres humanos, órfãos ou não.[2]

Os pais precisam renunciar à imagem de filhos idealizados — e, em geral, fruto dos próprios sonhos — para os aceitar como seres únicos e totalmente diferentes entre si. Vivemos uma época em que as crianças recebem muitos novos e diferentes diagnósticos. Nunca se vendeu tanto antidepressivo e calmantes para o público infantil. Mas o que não se leva em conta

---

[1] Erlo Aurich, "É possível prevenir", in: Carlos "Catito" Grzybowski (org.), *Quando a dor se torna insuportável: Reflexões sobre por que pessoas se suicidam* (São Leopoldo: Sinodal, 2019), p. 88.
[2] Cyrulnik relembra sua infância no livro *Corra, a vida te chama: Memórias* (Rio de Janeiro: Rocco, 2013).

em muitas situações é que a agitação, a tristeza e até o desânimo são apenas sintomas da falta da presença física, cuidadora e acolhedora das figuras parentais. Essa ausência é agravada pela separação conjugal ou pelo ritmo frenético de trabalho, cujo excesso se dá muitas vezes pelo desejo dos pais de oferecer coisas materiais e escolas caras em detrimento da presença física.

Lembro de um amigo, empresário, que num final de ano resolveu fazer um cruzeiro caro de uma semana com a mulher e os três filhos. No fim do passeio, ele perguntou às crianças: "Do que vocês mais gostaram?". E os três responderam: "De estar todos juntos, em família". Ao me contar essa história, ele desabafou: "Por que não fiz piqueniques em um parque todo fim de semana?". O custo financeiro teria sido bem menor e o tempo de qualidade com os filhos, maior.

A criança não precisa de muito. Não precisa de roupas de marca, nem de viagens caras de férias, nem de *smartphones*. Ela precisa do olhar, do toque, do colo, da conversa, do respeito, do amor e da presença dos pais pelo menos em alguma parte do dia. E, sim, precisa de limites. E é com essa contribuição dos pais que "se inicia a constituição da identidade. Por isso a família se apresenta como o primeiro laboratório social; "o berço que embala para a vida, que promove a noção de individualidade e o processo de socialização".[3]

Sei que, na realidade, muitas pessoas vieram, e virão, de famílias em que o básico para o ser humano não foi suprido. É possível, sim, recuperar-se dos danos oriundos das faltas e construir novas direções na vida. Mas com certeza esse processo

---

[3]Clarice Ebert, "Os valores transmitidos pela família", *PR Já*, 22 de fevereiro de 2020, <https://ricmais.com.br/colunistas-brasileiros-principais/os-valores-transmitidos-pela-familia/>

seria bem mais suave se cada criança pudesse receber do grupo familiar o apoio amoroso e emocional tão importante para a construção de recursos internos, tão necessário para viver.

### Na esfera eclesiástica

Há várias maneiras em que a esfera eclesiástica pode cooperar para a saúde mental das pessoas. A primeira é o apoio que uma comunidade pode dar a crianças e adolescentes quando seus responsáveis falham. No Novo Testamento, Cristo Jesus ampliou o conceito de família. Quando lhe foi dito que sua mãe e seus irmãos queriam falar com ele, Jesus respondeu: "'Quem é minha mãe? Quem são meus irmãos?' Então apontou para seus discípulos e disse: 'Vejam, estes são minha mãe e meus irmãos. Quem faz a vontade de meu Pai no céu é meu irmão, minha irmã e minha mãe'" (Mt 12.48-50).

Entendo essa fala como um novo conceito de família. Cabe à comunidade cristã, num certo sentido, adotar crianças e pessoas que perderam familiares por uma razão ou outra. Claro que não falo aqui, necessariamente, de adoção legal, mas de apoio emocional e presencial que pode ser proporcionado por famílias que tenham alguma disponibilidade de tempo e recursos financeiros. Essa presença pode ser afetiva, e já pode fazer muita diferença na vida de um órfão ou de alguém deixado pelo pai ou pela mãe.

Mas esse apoio também pode dar-se com cuidados na área de saúde e até de alimentação. Venho de uma família de agricultores que viviam à beira da pobreza extrema. Quando eu tinha sete anos, uma professora cristã enxergou meus dentes todos cariados. Não teve dúvida, ela pediu autorização para meu pai e, nas férias, levou-me para sua casa e providenciou um tratamento dentário adequado. Durante aquele mês de férias a família dela foi minha família, e eu fui cuidada. Penso que é hora de prestarmos mais atenção às pessoas da nossa comunidade e às possíveis necessidades delas para, dessa forma, cooperarmos com a saúde mental de muitos.

Como instituição, a igreja também pode ajudar muito a promover a saúde mental, não só de seus membros e cooperadores, mas da vizinhança e daqueles que não frequentam suas reuniões. A religião tem sido entendida como um meio em que as relações sociais podem ser fortalecidas, e as relações interpessoais têm um grande potencial para promover a saúde mental:

> Nos fatores sociais, a religião e o processo de espiritualidade também podem ser citados, pois as religiões promovem encontros, favorecendo e estimulando as relações sociais. Em inúmeras situações, exercendo a função agregadora de grupos, ela oferece identidade àqueles que estão em transição ou atravessam momentos de crise.[4]

A igreja cristã tem nessa área um vasto campo de contribuição no local em que estiver inserida, criando, por meio de cursos e eventos esportivos, musicais e sociais, oportunidades para que as pessoas se conheçam melhor e se relacionem mais. Lukas, um menino cuja mãe, adolescente e usuária de drogas, não cuidou dele ao nascer, viveu em uma instituição até os dois anos de idade, quando foi adotado por uma família amorosa. À medida que crescia, Lukas foi revelando muita dificuldade em se relacionar socialmente e também em aceitar a verdade de que era amado e importante na família em que fora recebido. A psicóloga que o acompanhava sugeriu aos pais que buscassem alguma atividade para ele, fora da família,

---

[4] Elisa Leão, *Resiliência e espiritualidade: Pontos de encontros e novas perspectivas* (Curitiba: Appris, 2020), p. 61.

que reforçasse nele a possibilidade de vínculos. Os pais, que moram fora do Brasil, encontraram uma igreja que apoiava o trabalho dos escoteiros. Lukas foi inscrito no programa e, aos poucos, começou a interagir amistosamente com os meninos e os líderes, não tardando em pedir aos pais que também lhe permitissem frequentar as reuniões de domingo. Para aquele menino, cujos primeiros vínculos afetivos e sociais haviam sido tão comprometidos, a igreja foi um meio de construir, pelo menos em parte, o que lhe faltou.

Outro depoimento verídico é o do jovem Gustavo, diagnosticado com autismo leve, cujos sintomas incluem dificuldade de interação social. O autista nem sempre consegue ouvir o outro e concentrar-se nele, em geral passa quase todo o tempo focado em si mesmo e no que deseja comunicar, sem escutar ou demonstrar interesse na outra pessoa. Como é de supor, então, Gustavo não tinha amigos.

Um de seus passatempos, no entanto, era o saxofone, instrumento que tocava brilhantemente. O gosto pela música despertou seu interesse pela igreja do bairro, que reunia os jovens em meio a muita música. Ele então ofereceu-se para participar das reuniões com seu saxofone, mas, insensível, o líder do grupo informou-lhe que as vagas para instrumentistas estavam esgotadas. Sentindo-se rejeitado, Gustavo afundou ainda mais em seu mundo solitário. Lágrimas lhe escorriam pelo rosto enquanto me contava sua história, e ele finalizou, dizendo-me: "Eu não consigo me relacionar com as pessoas. Quando tento por meio da música, sou rejeitado. Posso até continuar crendo em Cristo, mas não acredito na igreja". Aquela igreja e aquele líder perderam a oportunidade de integrar um jovem e de reforçar sua saúde mental por meio da interação social e da integração no grupo musical, o que lhe proporcionaria mais alegria na vida.

Fomos criados à imagem e semelhança de Deus. E Jesus de Nazaré é Deus que se tornou ser humano e caminhou entre nós, relacionando-se com as pessoas. O primeiro milagre de Cristo registrado nas Escrituras se dá em uma festa de casamento, quando ele transforma água em vinho (Jo 2.1-12). Para mim, esse fato indica claramente que Deus se alegra e festeja, valorizando assim a necessidade social de seus filhos. Algumas pessoas gostam e dedicam muito do seu tempo socializando-se, outras nem tanto, mas todo vínculo social coopera para que uma pessoa em situação de crise ou sofrimento encontre forças para continuar a viver.

A eficácia dos vínculos relacionais de convivência também é um dos temas da carta que Tiago escreveu no primeiro século. Nela, o apóstolo orienta os líderes cristãos da época a visitarem os doentes, ungindo-os com óleo e orando por eles. O poder miraculoso de Deus e a presença de pessoas amorosas podem curar e levantar o ânimo daqueles que enfrentam situações difíceis, doenças e tantas outras mazelas.

Nas áreas física, mental e emocional, tanto médicos, fisioterapeutas, assistentes sociais, psicólogos quanto outros profissionais da saúde podem dedicar parte de seu tempo para voluntariar-se no atendimento social dentro do espaço oferecido pela estrutura da igreja. Algumas igrejas já mantêm em suas dependências — com resultados positivos — clínicas de atendimento social ou apoiam organizações que o fazem. A importância de ações e parcerias como essa pode ser percebia na história da Bela, uma menina que foi retirada de uma família abusiva pelo Conselho Tutelar após uma de suas professoras perceber sinais e marcas roxas no corpo da menina.

A professora acabou descobrindo que a mãe da garota era alcoólatra e que o padrasto havia tentado violentá-la sexualmente — fora nessa luta (bem-sucedida, felizmente) contra o padrasto que ela ganhara as marcas no corpo.

A professora fez a denúncia ao Conselho Tutelar, que providenciou de imediato a retirada de Bela daquele contexto. A assistente social do Conselho fazia parte de uma igreja que havia desenvolvido um tipo de trabalho chamado Lar de Apoio, famílias com quem as crianças nessa situação poderiam ficar até que as circunstâncias fossem apuradas e avaliadas, e o juiz definisse o destino delas. Após as apurações, o juiz pode determinar que a criança retorne ao lar ou permaneça em uma instituição, enquanto a família de origem obtém ajuda a fim de que tenha condições de receber a criança de volta, em condições saudáveis. Contudo, se a criança não puder retornar ao lar, ela permanecerá indefinitivamente em uma instituição ou ficará sob a tutela da família que já a estava cuidando de maneira provisória.

A família de Bela não apresentou condições de tê-la de volta. Ela ficou sob a tutela de uma família participante do projeto Lar de Apoio, onde foi aceita e acolhida amorosamente. Estudou, cresceu e se tornou uma jovem saudável e amorosa. Casou-se, tem dois filhos e atualmente é diretora de uma escola pública. Bela me disse em nosso último encontro: "Serei sempre grata a essa igreja e a essa família. Eles me deram recursos e condições para viver como um ser humano. E hoje cuido com muita alegria de outros seres humanos da periferia muito carentes e sofridos. Eu fui resgatada de um tipo de inferno, por isso quero ajudar outros a viverem melhor mental e fisicamente".

É possível criar vários grupos de apoio, escuta e acolhimento dentro das dependências das igrejas. Grupos para adolescentes, para mães, solteiros, viúvos e assim por diante. Agora que passamos por uma pandemia devastadora, as oportunidades e possibilidades de uso dos espaços da igreja duplicaram. Além disso, é possível dispor de acolhimento e escuta online, que poderão ser não só uma válvula de escape, mas também um meio em que a pessoa sabe que será, pelo menos, ouvida.[5]

---

[5] No Brasil, há alguns ministérios cuja proposta é ouvir, acolher e apoiar pessoas que carregam muitas faltas e danos, com o apoio das igrejas que cedem seus espaços. Um deles é o REVER: ministeriorever.com.br.

# 9
# O papel da espiritualidade na saúde mental

Espiritualidade, religião e religiosidade são três áreas que se misturam e se entrelaçam muito. A religião é definida como a crença em um poder sobrenatural, que emana de uma ou de várias divindades e que se conecta com o lado espiritual da pessoa. O mal ou o bem provindos da religião podem ser canalizados para a religiosidade, que é vista e definida não só como a prática de cultos e ritos realizados particular ou publicamente mas também como a aceitação dos dogmas da religião escolhida de acordo com as crenças pessoais.[1]

É fácil perceber então que a espiritualidade pode ser cultivada, desenvolvida, ampliada e fortalecida, tendo como meio a prática religiosa. Mas também é possível que a rigidez, a inflexibilidade e o autoritarismo presentes no meio religioso possam distorcer e danificar todos os benefícios da espiritualidade, em todas as áreas da vida, provocando ainda novos desequilíbrios de saúde.[2]

Portanto, se de um lado a prática religiosa pode ser o meio possível para experimentar e vivenciar o mistério da espiritualidade que transcende a compreensão humana, por outro

---

[1] Valdir Reginato, *Tratado de espiritualidade e saúde* (São Paulo: Atheneu, 2021), p.14.
[2] Rose Murakami e Claudinei Campos, "Religião e saúde mental: desafio de integrar a religiosidade ao cuidado com o paciente", *Revista Brasileira de Enfermagem*, vol. 65, n. 2, Brasília, março/abril 2020, <https://www.scielo.br/scielo.php?script=sci_arttext&pid=S0034-71672012000200024>.

a rigidez das regras e o controle religioso podem também enclausurar e bloquear todos os benefícios para a saúde mental advindos do lado espiritual.

Conscientes de que a espiritualidade em geral tem sua expressão pelo canal da religiosidade, vale muito a pena observarmos de perto o que se entende por espiritualidade. A espiritualidade é inerente ao ser humano. Mas, mesmo sendo uma característica reconhecida como ontológica, pode ou não ser desenvolvida e ampliada. Um bom exemplo bíblico e comprobatório disso é o diálogo entre Cristo Jesus e Nicodemos, descrito no Evangelho de João (Jo 3.1-21). Nicodemos era religioso, fariseu, membro do Sinédrio. Se tinha uma coisa que ele conhecia eram todas as leis religiosas praticadas pelos judeus da época, e provavelmente por ele mesmo. Ao analisar cuidadosamente os ensinos e as atitudes de Cristo, percebeu que se tratava de uma pessoa diferente — havia algo singular em Cristo que ele não via nos religiosos que conhecia.

Nicodemos, certa noite, achou um jeito de se encontrar com Cristo e iniciou o diálogo chamando-o de "rabi". Deixando de lado o elogio, Cristo responde com a frase "quem não nascer de novo, não pode ver o reino de Deus" (Jo 3.3). Nicodemos, por sua vez, ignorando a possibilidade de um nascimento espiritual, foca apenas no nascimento físico, ao que Jesus esclarece dizendo que era necessário nascer da água e nascer do Espírito. Os estudiosos desse texto divergem quanto ao que seria nascer da água, mas todos concordam que nascer do Espírito tem a ver com o nascer espiritualmente, ou com o nascer do alto. Essa fala de Cristo parece bem esclarecedora quanto ao nascer para a espiritualidade, entendida nos tempos atuais.

Espiritualidade tem a ver com o transcendente. Mas, embora esteja além da compreensão racional humana, é possível adentrar nesse terreno que chamo de sagrado e experimentá-lo, trazendo-o para dentro de nós. Gosto de pensar na realidade do vento como exemplo de espiritualidade. Nós não o vemos, mas podemos senti-lo na pele, ver seu movimento nas árvores e sua ação nas tempestades.[3] Sabemos pouco da história de vida de Nicodemos, contudo, mais adiante em seu relato, João mostra que Nicodemos defendeu Jesus quando os membros do Sinédrio buscavam prendê-lo de maneira ilegal: "Então Nicodemos, o líder que antes havia se encontrado com Jesus, perguntou: 'A lei permite condenar um homem antes mesmo de haver uma audiência?'" (Jo 7.50-51).

João também conta que Nicodemos, junto com José de Arimateia, ajudou a preparar e a sepultar o corpo crucificado de Cristo — ele levou 35 litros de óleo perfumado feito com mirra e aloés para cuidar adequadamente do corpo, antes de ele ser colocado no túmulo pertencente a José de Arimateia. O que ele fez às escondidas, durante à noite no primeiro encontro, agora, em uma situação de oposição, fez às claras, à vista dos presentes. Seu esforço em defender Cristo Jesus e em ir ao Calvário mostram claramente que Nicodemos, além de religioso, experimentou o nascimento espiritual do qual Cristo lhe falara.

É possível que cada um de nós vivencie de forma particular a dimensão espiritual e tenha uma experiência e compreensão diferentes e únicas de como aconteceu o que estou chamando aqui de nascimento espiritual. Posso relatar como

---

[3] Jesus também usou a metáfora do vento ao falar com Nicodemos: "Portanto, não se surpreenda quando eu digo: 'É necessário nascer de novo'. O vento sopra onde quer. Assim como você ouve o vento, mas não é capaz de dizer de onde ele vem nem para onde vai, também é incapaz de explicar como as pessoas nascem do Espírito" (Jo 3.7-8).

aconteceu comigo. Eu era bem religiosa. Frequentava cultos e reuniões, fazia minhas orações e leituras, e me submeti ao batismo estabelecido pela minha comunidade religiosa. Pelo fato de meus pais serem cristãos praticantes e frequentarem uma igreja batista no interior de São Paulo, acredito mesmo que eu tenha nascido praticando o cristianismo.

Eu já era casada e tinha um filho pequeno, mas me via revoltada com o fato de sermos finitos. Não conseguia entender a razão de nascer, se o período de vida raramente alcançava os cem anos, para então enfrentar a morte. Mais que isso. Os últimos anos da velhice são marcados pela limitação da saúde e pelo mau funcionamento de várias partes do corpo. Não via muito sentido no viver humano. Mas, um domingo, em uma das reuniões da igreja, um jovem de dezessete anos falou sobre a história do homem cuja mão deformada fora curada por Cristo. De alguma forma, naquela manhã, também me vi deformada. Sentia-me impotente para desfrutar a vida e ver algum sentido na existência humana. Assim, não tive dúvida: pela fé, crendo que o Cristo ressuscitado me via, estendi minha vida para ele e algo novo aconteceu. Nunca mais fui a mesma. A morte perdeu sua força para mim. Ela acontecerá, eu sei. Mas não a temo mais. Minha vida ganhou sentido.

Na minha vida, o nascimento da espiritualidade foi um movimento de fora para dentro. Eu apenas fui sensível a meus sentidos e percepção, e me abri ao inusitado, ao sagrado. Percebi os benefícios em minha vida emocional e mental no que diz respeito à vida humana e suas realidades, como a finitude. Embora seja difícil explicar como se dão os benefícios na prática e na vivência do contato com o que chamamos divino, eu os experimento de fato. O nome desse tipo de experiência no meio cristão é conversão, que por sua vez significa mudança radical nos caminhos até então percorridos. Minha vida continuou a mesma, mas minha mente, meu emocional, meus pensamentos e meu comportamento nunca mais foram os mesmos! Fui tomada por um sentimento de paz, segurança e calma enquanto percorria os caminhos que já eram meus.

Assim, portanto, podemos facilmente compreender o que Paulo escreveu na carta aos cristãos que moravam em Filipos, no primeiro século. Ele deixa bem claro que, ao praticarmos a oração e expressarmos diante de Deus as tensões oriundas de qualquer tipo de preocupação, podemos obter calma e sossego vindos do sagrado.

> Não vivam preocupados com coisa alguma; em vez disso, orem a Deus pedindo aquilo de que precisam e agradecendo-lhe por tudo que ele já fez. Então vocês experimentarão a paz de Deus, que excede todo entendimento e que guardará seu coração e sua mente em Cristo Jesus.
>
> Filipenses 4.6-7

Essa paz, "que excede todo entendimento", faz bem ao coração, que está ligado ao emocional, e também à mente. E, se faz bem ao emocional e à mente, faz bem ao corpo todo. Trata-se de um bem-estar que ninguém é capaz de explicar racionalmente. Nesse trecho da Carta aos Filipenses, é possível perceber que a espiritualidade, a fé em Deus e a prática religiosa saudável da expressão de gratidão e pedidos, beneficia o ser humano de maneira integral.

## Aspectos positivos da espiritualidade

Em um sentido amplo, a espiritualidade pode desembocar em diferentes religiões e em diferentes práticas religiosas. A maioria da população brasileira, contudo, é considerada adepta e praticante do cristianismo, com diferentes teologias e modos de cultuar. A espiritualidade cristã que conheço, experimento e vivo desde a infância me faz muito bem. E é sobre essa tradição — protestante evangélica — que quero falar um pouco na esperança de que possamos tirar mais proveito da espiritualidade e da prática religiosa no cristianismo, e assim nos tornarmos cada vez mais saudáveis mentalmente.

De acordo com Vassilis Saroglou — professor de psicologia e uma referência no estudo e na pesquisa da interseção entre psicologia e religião — a espiritualidade saudável apresenta vários aspectos:[4] sentido da vida, esperança, relacionamentos e amor por si mesmo.

*Sentido da vida*. Viktor Frankl, psicólogo judeu e sobrevivente da Segunda Guerra Mundial, defende que foi a crença no sentido da vida que concedeu forças a ele e a muitos outros para aguentarem todo tipo de sofrimento e tortura e para saírem vivos dos campos de concentração nazistas.[5] A Bíblia deixa bem claro em várias passagens que existe um sentido de vida específico e único para todas as pessoas.[6] Mesmo assim, Deus age de maneira diferente na vida de cada um a fim de que seus propósito sejam cumpridos.

Não estamos ocultos dos olhos divinos. O rei Davi reconhece e declara que desde sua formação, no ventre da mãe, Deus já estava presente (Sl 139.13-14). Ao observarmos vários outros

---

[4] Geraldo José Paiva, *Psicologia e espiritualidade* (São Paulo: Paulus, 2008), p.38.
[5] Frankl relata sua história no livro *Em busca de sentido: Um psicólogo no campo de concentração* (Petrópolis/São Leopoldo: Vozes/Sinodal, 1991).
[6] Veja, por exemplo, algumas passagens que são usadas na primeira pergunta do Breve Catecismo de Westminster (Qual é o fim principal do homem?): 1Co 10.31; Is 43.7; Rm 14.7-8; Ef 1.5-6.

personagens bíblicos, ficam confirmados os propósitos de Deus para cada pessoa, alguns em posição de destaque e outros fora dos holofotes. Independentemente de estar ou não em evidência, cada ser humano tem um sentido na vida. O propósito divino pode até sofrer alguns desvios, mas é indestrutível.

Quando observamos a vida de José, no livro de Gênesis, podemos constatar que, apesar de todo o mal que sofreu — tentativas de assassinato, calúnias e aprisionamento —, nada conseguiu destruir o sentido e o propósito de sua existência até que se cumprissem. Deus não precisava da crueldade dos irmãos de José, nem da calúnia da mulher de Potifar, nem da displicência de seu companheiro de prisão, mas fez da maldade deles o caminho para que José chegasse ao governo do Egito e assim salvasse da fome a população daquela época.

Jeremias se percebe como escolhido de Deus desde o ventre (Jr 1.5), e Paulo também se vê com um propósito desde antes de nascer (Gl 1.15). Com certeza, estamos encaixados perfeitamente dentro de uma estrutura estabelecida por nosso Deus. Fazendo uma analogia com um automóvel, muitos podem ser o motor potente que o fará funcionar, enquanto outros podem ser uma pequena peça desse motor que só se faz visível para os técnicos do assunto. O fato é que, sem essa pequena peça, o motor simplesmente não funcionaria. Você e eu somos importantes e temos nosso lugar e nossa função nesta vida. Muitas vezes o que nos falta é justamente o conhecimento dos dons e das habilidades natas que possuímos e que podem ser ampliados e aperfeiçoados (1Co 12). Além disso, Deus pode capacitar, a qualquer momento, qualquer pessoa com alguma habilidade específica, como fez com os artesãos na construção do tabernáculo (Êx 36.1-2).

A consciência de que há um sentido para a vida abre caminho para que acreditemos em nós mesmos e nos fortaleçamos mentalmente, gerando recursos necessários ao enfrentamento não só das tragédias a que estamos sujeitos, mas também das dificuldades e dos imprevistos. A autoconfiança abre caminho para a calma necessária à percepção das possibilidades de novos rumos e novas alternativas. Não acreditar no sentido da vida contribui para que sejamos envolvidos por uma cegueira que não só nos impede de usar nossa capacidade criativa como de ver possibilidades de existência.

*Esperança*. Este é o segundo aspecto presente na prática da boa espiritualidade e um dos elementos necessários à manutenção da saúde mental quando enfrentamos tragédias, acidentes e perdas. A esperança é, na verdade, um aspecto do emocional que só faz sentido em momentos de desestruturação e desconfiguração de nosso cotidiano. Não precisamos ter esperança quando tudo vai bem e estamos satisfeitos — ela precisa surgir e florescer nas ameaças, nas perdas, na dor, no luto e nos riscos.

Há dois recursos reconhecidos como sinais de saúde mental, quando passamos por alguma tragédia: *coping*, ou enfrentamento — quando somos jogados no "olho do furacão" —, e resiliência, que é a capacidade de avaliar tanto o que ficou disponível como as possibilidades para refazer a vida e reorganizar o dia a dia. A esperança cristã pode ser a força motriz seja para o enfrentamento seja para a reorganização resiliente.

A palavra "esperança" significa olhar para o futuro. É a expectativa de que a tempestade passará e de que dias melhores virão. Crendo que a tempestade passará, a perseverança ganha força, renovando a energia para não desistirmos. Há um dito popular que diz que a "esperança é a última que morre".

É verdade! Mas a esperança cristã é muito mais que isso. Ainda que o melhor não venha e o futuro desvaneça, a esperança cristã é a certeza de que Deus caminha conosco independentemente das circunstâncias. Mateus, autor de um dos Evangelhos, termina seu livro com esta promessa do próprio Cristo já ressuscitado: "Lembrem-se disto: estou sempre com vocês até o fim dos tempos" (Mt 28.20). Ele vem caminhar conosco. Em algumas situações, para nos livrar de algum mal; em outras, para nos dar o consolo necessário.

O rei Davi experimentou essa promessa de Deus. Em um de seus salmos, ele declarou que, na companhia de Deus, nada lhe faltaria (Sl 23). É possível que Davi tenha escrito esse salmo depois de ter matado o gigante Golias. Ele conhecia o temor de perder a própria vida e também o socorro milagroso. Tudo indica que ele estava ciente de que apenas a força da pedra não seria suficiente para aniquilar aquele gigante. Então, ele estava certo da presença de Deus no momento do perigo.

No decorrer de sua vida, Davi sentiu não só o medo de perder a vida, mas também a dor de perder pessoas queridas, como seu amigo Jônatas (2Sm 1.12). Davi também perdeu filhos: o filho que tivera com Bate-Seba, Amnom e, alguns anos mais tarde, Absalão. A causa e o momento dessas mortes estão ligados a muitas tragédias — algumas até mesmo provocadas pelos pecados de Davi —, o que poderia acentuar ainda mais a dor dessas perdas. O filho de Bate-Seba fora resultado de um adultério. Amnom foi assassinado por seu irmão Absalão por ter estuprado sua meia-irmã, Tamar. Absalão depois, rebelou-se contra Davi e foi morto em batalha. Apesar de todas essas circunstâncias, o que quero focar aqui é o sofrimento e a dor desse pai, que anos antes escrevera que no vale da morte haveria consolo.

O livro de 2Samuel descreve a dor experimentada por Davi pela morte de cada filho. Mas penso que o rei Davi nunca se esqueceu, conforme seus próprios escritos, de que Deus caminhava com ele. Prova disso é o reconhecimento de seu erro, confessando seu arrependimento e retomando a vida após ter passado pelo vale sombrio da perda dos filhos (Sl 51). Embora tenha experimentado a dor de perder os filhos, é fácil perceber que ele nunca perdeu a esperança.

Estêvão, primeiro mártir do cristianismo, experimentou a presença de Deus numa hora extremamente dolorida. Ele foi apedrejado até a morte por causa de sua fé (At 7). Mesmo na iminência de ser executado, Estêvão testemunhou algo que lhe trouxe esperança: "cheio do Espírito Santo, olhou firmemente para o céu e viu a glória de Deus, e viu Jesus em pé no lugar de honra, à direita de Deus. 'Olhem!', disse ele. 'Vejo os céus abertos e o Filho do Homem em pé no lugar de honra, à direita de Deus!'" (At 7.55-56). Imagino que nesse momento as dores das pedradas desapareceram, prevalecendo a recepção divina. Então, esperança não se trata apenas de ter os olhos no futuro, mas de ter os olhos no futuro crendo que há segurança tanto no presente como no que há de vir, mesmo nas circunstâncias de perdas mais doloridas. É uma esperança que não morre nunca, mesmo quando a morte bate à porta. E o que pode sustentar essa esperança, nossa segurança emocional, diante das tragédias?

Como já comentamos, não há como negar a contribuição do lastro psicoemocional construído durante a educação da criança. A pessoa que foi aceita, amada e aprovada desde o nascimento apresenta mais recursos para construir sua autonomia e manter sua autoconfiança. Consequentemente terá mais facilidade em acreditar que é capaz de reorganizar e reconstruir a vida após qualquer circunstância caótica. Entretanto, mesmo sem uma base emocional fortalecida, é possível, pela fé cristã, ativar a esperança em nosso ser. Os apóstolos Paulo e Pedro falam dessa esperança em seus escritos. Paulo a chama de " esperança de participar da glória de Deus (Rm 5.2), à qual temos acesso a partir da justificação, concedida a nós por meio da morte de Cristo no Gólgota. Isso significa que podemos apropriar-nos dessa esperança a partir do momento em que cremos que, mediante a redenção, tornamo-nos filhos de Deus. E faz todo sentido quando observamos a raiz da palavra hebraica traduzida como "esperança". Ela também significa fio ou corda, podendo indicar conexão, segurança, firmeza e proteção. Nesse caso, é a partir da conexão com Deus que conseguimos fixar o olhar na herança prometida, que vai além desta vida. Pedro qualifica essa esperança acrescentando-lhe um adjetivo significativo. Chama-a de "uma *viva* esperança" (1Pe 1.3).

É interessante observar que os destinatários dessas cartas de Paulo e de Pedro passavam por sofrimentos terríveis. Os cristãos do primeiro século sofreram martírios, perseguições, injustiças e muitas perdas. Muitos abandonavam a própria casa e se escondiam, lutando pela própria sobrevivência. Nero, que odiava publicamente os cristãos, já era o imperador de Roma quando Pedro escreveu essa carta. O autor de Hebreus — provavelmente escrita para cristãos na capital do império — refere-se à esperança como "uma âncora firme e confiável para nossa alma" (Hb 6.19). A âncora é um instrumento que oferece segurança ao barco, mantendo-o seguro no cais mesmo em meio a tempestades e ventanias. Os três adjetivos usados para esperança nessas três epístolas dizem tudo: gloriosa, viva e firme.

No entanto, descrença, desespero e desânimo indicam ausência ou enfraquecimento da saúde mental. Imagino que muitos cristãos daquela época ficaram abatidos e desanimados, em razão do clima de insegurança. Paulo e Pedro tentaram ajudá-los trazendo-lhes à lembrança a garantia dessa esperança: a ressurreição de Cristo Jesus. Certamente alguns daqueles cristãos, assim como os apóstolos, haviam visto o Cristo ressurreto. Se o Deus que se fez humano morreu, mas não permaneceu no túmulo, então era possível crer na herança de uma nova vida, mesmo que a morte física ocorresse. O sociólogo Tomáš Halík afirma com propriedade que um dos motivos que nos leva a ter esperança é a crença em um Deus que atravessou a morte. E o Deus que atravessou a morte está verdadeiramente vivo. Logo, o ser humano não precisa temer crise alguma. Precisa temer apenas a cegueira do desespero.[7]

Na fé cristã a última notícia não é a crucificação na sexta-feira. A última notícia é a ressurreição no domingo. O túmulo vazio deixado por Cristo Jesus até hoje consegue reacender em nós o ânimo e a esperança. A história confirma. Ele morreu, sim. Mas não há restos mortais no túmulo. Ele ressuscitou! A finitude humana é real, como já mencionei. Mas, mesmo diante da realidade da morte do corpo, que pode se dar a qualquer momento, existe esperança. E na esperança já construída ou reativada recupera-se a força para perseverar na vida.

*Relacionamentos*. O terceiro item da lista de Saroglou diz respeito aos relacionamentos; a percepção de que o outro existe e a disposição e a capacidade de interagir com o outro na vida em comum.

---

[7] Tomáš Halík, *Não sem esperança: O retorno da religião em tempos pós-otimistas* (Petrópolis: Vozes, 2018).

Sabe-se que um dos sinais de ausência de saúde mental é o isolamento, o afastamento das pessoas, incluindo daqueles com laços parentais próximos. Não estamos falando de afastamento temporário, para um descanso, reflexão ou alguma tarefa específica, mas do afastamento que exclui qualquer tipo de convivência. Nem todos somos hábeis nas interações humanas. Na verdade, o mundo precisa de pessoas capazes de se isolar temporariamente da vida comunitária, por exigência profissional ou cumprimento de projetos ou tarefas. Um bom exemplo são os pesquisadores, cujos projetos podem se estender por longos períodos de tempo, ou autores e escritores, que se isolam por dias ou até semanas a fim de concluir um projeto. Todos, porém, após concluírem suas tarefas, retornam ao convívio familiar e social.

Na espiritualidade e na prática da fé cristã, a vida em comunidade pode ser observada sob três aspectos. O primeiro diz respeito à interação e ao relacionamento social, a quanto somos capazes de aceitar o outro com seus pontos fortes e fracos. Trata sobre como doar e receber perdão pelas ofensas — que certamente ocorrerão na convivência — e sobre quanto conseguimos escutar o outro amorosamente, em uma situação de desconforto e angústia. Em suma, tem a ver com a capacidade de ver além do que o outro aparenta. Um dos textos mais tocantes do ministério de Jesus é sua interação com a mulher samaritana (Jo 4.1-30). Em momento algum ele a exortou por mudar tantas vezes de marido. Em vez disso, enxergou a sede dela, que não era de água. Tratava-se provavelmente de uma sede existencial ou de uma carência afetiva, que ela tentava saciar com a troca de parceiros.

Como cristãos, somos resgatados e feitos filhos de Deus através do sacrifício vicário de Cristo, o que não nos dá o direito de nos sentirmos superiores. O outro, independentemente do comportamento, também foi criado à imagem e semelhança de Deus, como eu e você. De acordo com a Criação, descrita em Gênesis, embora todos carreguemos a imagem e a semelhança de Deus, também carregamos um lado caído e sombrio. Ter sido alcançado pela graça não nos torna melhores, nem superiores. A graça redentora é mérito exclusivo de Deus. Por que recebemos a graça, ser saudável mentalmente deve incluir ser um canal dessa bondade para os demais humanos. O menino briguento pode estar revelando quanto precisa ser visto, aceito e amado. A criança birrenta pode apenas estar sentindo falta do contato físico afetivo e do aconchego de um corpo humano.

O segundo aspecto da vida em comunidade à luz do evangelho está relacionado com o cuidado com o outro que se encontra em situação de vulnerabilidade, por meio de solidariedade e de ministérios de compaixão e misericórdia. Na espiritualidade cristã somos chamados a praticar a solidariedade e a justiça. Em sua missão de preparar o terreno para a chegada de Cristo, João Batista alertou os cobradores de impostos a não praticarem a extorsão; advertiu os que cuidavam da ordem pública a não aceitarem subornos, e, àqueles mais abastados, recomendou que dividissem seus bens com aqueles que nada possuíam (Lc 3.10-14). É a compaixão praticada no micro e no macrossistema.

O micro tem a ver conosco, como enxergamos quem está próximo, o vizinho, o morador de rua, quem necessita de comida, de roupa, de medicamento. O macrossistema diz respeito aos que estão em cargos de poder, seja no governo seja na indústria e no comércio. Estes podem usar a posição de autoridade para lutar pelo outro, na tentativa de legalizar e implantar possibilidades mais justas, abrindo assim oportunidade de uma vida digna para os marginalizados e excluídos.

A compaixão e a luta por justiça também podem ser vistas em Cristo Jesus quando conta a parábola do bom samaritano (Lc 10.29-37) para responder a uma pergunta feita por um mestre da lei: "Quem é o meu próximo?". Nessa parábola, Jesus foca em dois pontos: a figura do nosso próximo — que pode ser qualquer um, mesmo o inimigo — e a figura do benfeitor, que socorre o homem jogado à beira da estrada. O samaritano gasta tempo, energia, dinheiro, divide seu meio de transporte e ainda se disponibiliza para novas necessidades. E essa compaixão continua a ser recomendada nas cartas dos apóstolos, como quando Paulo orienta os cristãos da Galácia a fazerem sempre o bem para todos, em especial (porém não exclusivamente) àqueles que professavam a fé cristã (Gl 6.10).

No cristianismo não há espaço para o acúmulo egocêntrico e orgulhoso de bens. Somos chamados a acumular tesouros nos céus, onde não há ladrões nem inflação (Mt 6.20). Podemos desfrutar de nossas conquistas e dos bens adquiridos com esforço e trabalho, como bem diz Paulo em sua carta dirigida ao jovem Timóteo. Mas, ao mesmo tempo que desfrutamos de nossos bens, devemos usá-los para ajudar a suprir a necessidade do outro (1Tm 6.17-18). Acumular tesouros nos céus, como Cristo ordenou, significa investir em pessoas, ou para o bem delas. E para não deixar dúvida, Paulo lembra que não trazemos nada ao nascer e não levaremos nada ao morrer (1Tm 6.7). O único investimento seguro que nem a morte consegue destruir é o que bondosamente doamos ao outro: nossas lutas, nossos projetos, nosso tempo, nossas habilidades, nosso afeto e nosso dinheiro e posses. Ao doar, jogamos também uma semente, que pode germinar no coração receptor, e passar de geração em geração, e isso jamais será destruído.

O terceiro e último aspecto do convívio que quero citar tem a ver com o crescimento espiritual na construção e no fortalecimento do fruto do Espírito. Na carta que Paulo escreve aos cristãos da Galácia, ele recomenda aos gálatas que deixem o Espírito Santo produzir neles o seu fruto, que reúne nove características: amor, alegria, paz, paciência, amabilidade, bondade, fidelidade mansidão e domínio próprio (Gl 5.22). E só há uma forma de produzir, desenvolver e praticar essas qualidades: no convívio em comunidade, tanto em grupos grandes, grupos pequenos e nas interações pessoais.

Tendo como base os três aspectos mencionados, o convívio com o outro não só contribui fortemente para a não deterioração da saúde mental dos que sofrem como fortalece aqueles que, além de manter relacionamentos amistosos, praticam a compaixão e o interesse genuíno pelo outro. Lamentavelmente muitos cristãos parecem ignorar essa proposta das Escrituras, deixando de participar e experimentar de uma das coisas mais lindas do relacionamento humano: o acolhimento amoroso do outro e o crescimento que vem através do convívio.

*Amor por si mesmo.* Outra característica positiva da espiritualidade cristã é a possibilidade de desenvolver uma autoestima adequada. É importante esclarecer que possuir autoestima adequada nada tem a ver com achar que somos melhores que o outro, com desejar aplausos e reconhecimento ou com não reconhecer e esconder nossas falhas e fraquezas. O nome disso é narcisismo, que muitas vezes culmina em atitudes acusatórias e na dificuldade em demonstrar empatia e compaixão. Paulo de Tarso, em sua carta aos cristãos de Roma, alerta-os quanto a uma avaliação distorcida de si mesmos e lhes recomenda: "não se considerem melhores do que realmente são. Antes, sejam honestos em sua autoavaliação, medindo-se de acordo com a fé que Deus nos deu" (Rm 12.3).

Ter autoestima adequada significa sermos capazes de nos ver e de nos avaliar coerentemente, conforme nosso potencial e nossas limitações específicas e únicas. É gostarmos, contentar-nos e demonstrar gratidão por ser quem somos, pelo que sabemos e pelo que possuímos. Pessoas com autoestima adequada não se condenam quando falham em uma ou outra situação. Aceitam e reconhecem suas falhas e, refletindo nelas, buscam descobrir um modo melhor de fazer ou de agir.

Quando desenvolvemos adequadamente a autoestima também somos capazes de lidar melhor com críticas e até acusações. Conseguimos ouvir e avaliar as oposições. Tiramos proveito das que nos possam ser úteis e, mesmo com algum desconforto — uma vez que nossa natureza humana sempre busca a aceitação de todos —, não nos abalamos e seguimos a vida conforme nos faz sentido.

A psicologia afirma que a autoestima adequada começa a se desenvolver assim que nascemos. Se o ambiente familiar propiciar à criança, além de aceitação e cuidado, também aprovação, ela provavelmente não terá dificuldade de gostar de si mesma. No entanto, não é essa a realidade em muitas famílias. A história de vida de várias pessoas começa com muita reprovação e críticas. A boa notícia é que na vida adulta é possível construir ou reconstruir o autoconceito de acordo com a realidade pessoal. Carl Rogers, psicólogo cristão e criador da Abordagem Centrada na Pessoa, percebeu em suas práticas psicoterapêuticas em grupo o efeito do encontro com uma pessoa acolhedora e amorosa no resgate do valor próprio e até do sentido de vida em outra.[8] A espiritualidade cristã começa com um Deus que vem ao encontro do humano. Começa no encontro do sagrado com o humano, na figura da jovem Maria. É desse encontro que nasce a graça redentora. Deus feito ser humano na pessoa de Cristo.

Quando observamos o relacionamento de Jesus com as pessoas, vemos que o tempo todo ele demonstrava acolhimento, aceitação, proteção e a possibilidade de mudar o rumo da vida sob um novo valor. E, assim, Jesus Cristo aceita o presente e o choro de uma prostituta (Lc 7.36-50), vendo-a não como objeto de prazer sexual, mas como pessoa. Defende a vida da mulher adúltera e, quando se dirige a ela — talvez olhando em seus olhos —, também não a condena (Jo 8.1-11). Ao dirigir-se a um homem paralisado há 38 anos, liberta-o da paralisia e ordena-lhe que mude de vida (Jo 5.1-15). Tantas outras pessoas tomaram novos rumos depois do encontro com o Deus que se fez humano. Penso que passaram a ter um novo conceito do próprio valor.

Quando olhamos o Antigo Testamento, encontramos vários relatos de um Deus amoroso que cuida do ser humano e o acolhe. O salmo 139 mostra que Davi tinha a consciência de que não nascera por acaso: "Tu me viste quando eu ainda estava no ventre; cada dia de minha vida estava registrado em teu livro, cada momento foi estabelecido quando ainda nenhum deles existia" (Sl 139.16). Ao repreender os israelitas pela rebeldia e infidelidade a Deus, Ezequiel usa a figura de um bebê que nasce e não é cuidado (Ez 16.1-5). Deus, contudo, vem cuidar desse bebê, uma menina, lavando-a e protegendo-a até

---

[8] Esther Carrenho, *Abordagem centrada na pessoa: A psicologia humanista em diversos contextos* (Londrina: UNIFIL, 2010).

que ela crescesse. Essa imagem mostra que podemos crer no cuidado divino quando o cuidado humano falha.

A certeza de que temos o amor divino e a crença de que podemos reconhecer e confessar o pior que há em nós, e ainda assim sermos aceitos, pode fazer uma diferença fundamental em como nos enxergamos. Essa foi a experiência de Joaquim, um jovem arquiteto de 30 anos, que participava de um grupo de estudos bíblicos. Ele foi criado em um lar em que o pai, rígido e controlador, lançava mão da dor física para punir os filhos, crendo que assim os educaria melhor. Joaquim cresceu acreditando ser uma pessoa ruim, que só trazia desgosto, e internalizou uma figura paterna assustadora. Passou anos acreditando ser alguém sem valor. Mas um dia, ao meditar sobre a parábola da ovelha perdida (Lc 15.1-7), em que o pastor deixa todas as ovelhas reunidas e sai à procura de uma única que estava perdida, identificou-se e viu-se como alguém alvo do amor de Deus. Seu pai apenas não soubera e não conseguira lhe dar amor e aprovação. Ainda me lembro de suas palavras: "Puxa vida! Vejo-me aceito e amado. Tenho valor. Meu conceito sobre mim mesmo mudou radicalmente".

# 10
## O papel do descanso na saúde mental

Outro elemento muito importante para a manutenção da saúde mental é o *descanso*, e é precisamente nesse quesito que a maioria das pessoas, incluindo os cristãos, e principalmente os líderes eclesiásticos, mais falham. O descanso é fundamental não só para o cuidado da saúde física, mas também da mental. Por ser, a meu ver, o item mais difícil de praticar, falaremos sobre ele com maior abrangência.

### Os vários tipos de cansaço

Antes de falar de descanso, é preciso falar de cansaço. Há pelo menos três tipos de cansaço. O primeiro deles é o cansaço físico proveniente do labor diário. É o cansaço do final do dia, quando a força e a energia física se esgotam. Trata-se do cansaço mais fácil de resolver. Vamos para casa, tomamos um banho, dormimos e, no dia seguinte, as forças estão refeitas, e o corpo, apto para mais um dia de tarefas, responsabilidades e compromissos.

O segundo cansaço é o emocional, que também conhecemos como estresse.[1] É a fadiga da alma, um cansaço que continua mesmo depois de uma noite de repouso e que não permite ao corpo relaxar. Não se trata apenas do cansaço proveniente

---

[1] Sobre esse assunto, recomendo o painel apresentado e mediado por Valdir Steuernagel no canal da Editora Ultimato: "O Shabat e a sociedade do cansaço", <https://www.youtube.com/live/X7MmD_d4RNM?si=PVT2iT5TYQKDbFjZ>.

do trabalho e do esforço físico, mas da exaustão proveniente das decepções e dos desencantos. É um cansaço decorrente de ver os planos, muitas vezes bem elaborados, dar em nada; o cansaço oriundo das frustrações.

A estafa emocional também pode resultar do desgaste de experimentar perdas: perda de saúde, emprego, bens materiais, animais de estimação, relacionamentos amorosos, perdas consideradas corriqueiras e normais da vida. Um bom exemplo é a história de Jó. Ele perdeu propriedades, bens materiais, filhos, filhas e a saúde, tudo de uma só vez, o que o levou ao desespero: "Não tenho paz, nem sossego; não tenho descanso, só aflição" (Jó 3.26). É um tipo de desassossego que não é eliminado ou aliviado em nenhum lugar, dentro ou fora de casa. Um cansaço que persiste 24 horas por dia. Jó experimentou este tipo de exaustão e foi assim que relatou esse sentimento no momento de dormir: "A noite corrói meus ossos; a dor que me atormenta não descansa" (Jó 30.17). Esse tipo de cansaço pode acometer qualquer um de nós, ainda que não experimentemos tantas perdas como Jó.

O terceiro tipo de cansaço é o proveniente de práticas religiosas. Esse pode ter sido o esgotamento experimentado pelos fiéis do judaísmo nos dias em que Cristo viveu. Afinal, havia 613 leis judaicas que deveriam ser obedecidas à risca não apenas pelos mestres da lei, mas por todo o povo. Em um de seus últimos discursos, Cristo alertou as pessoas a respeito da pesada cobrança perpetrada pelos líderes e intérpretes oficiais das leis: "Oprimem as pessoas com exigências insuportáveis e não movem um dedo sequer para aliviar seus fardos" (Mt 23.4).

Jesus tratou sobre o tema do cansaço e fez um convite fantástico aos que o escutavam:

Venham a mim todos vocês que estão cansados e sobrecarregados, e eu lhes darei descanso. Tomem sobre vocês o meu jugo. Deixem que eu lhes ensine, pois sou manso e humilde de coração, e encontrarão descanso para a alma. Meu jugo é fácil de carregar, e o fardo que lhes dou é leve.

Mateus 11.28-30

O cansaço a que ele se refere, estou certa, não era o do dia a dia. Poderia até ser um cansaço emocional, mas creio que a libertação aqui prometida era do peso de tantas exigências e da prática de tantas regras religiosas.

Lembro de Cláudio, que procurou ajuda para lidar melhor com seus filhos, alguns já adolescentes. No atendimento familiar, quando todos tiveram a oportunidade de se expressar, a principal queixa dos filhos residia no fato de que eles nunca tinham momentos de lazer, de descontração em família, com os pais. Um dos filhos chegou a afirmar: "estou cansado da escola e das tarefas de casa. Não descanso nunca". Ao ouvi-lo, o pai se deu conta do que estava fazendo. Acumulava tarefas do trabalho e obrigações com a casa e com a igreja. Ele e a esposa trabalhavam todos os dias da semana. No sábado, aproveitavam para fazer as compras e limpar a casa. No domingo, estavam comprometidos o dia todo com as reuniões da igreja.

Cláudio e a esposa perceberam que o único dia em que podiam alterar a rotina era o domingo. Felizmente, quando conversou com a liderança de sua comunidade religiosa, foi compreendido e dispensando das obrigações da manhã. Com essa decisão, a família ganhou a manhã do domingo para, juntos, desfrutarem melhor da convivência. Dois meses depois, em um novo encontro com a família, os filhos estavam visivelmente mais satisfeitos, pois desfrutavam da companhia dos pais e até se aproximaram mais deles.

## O descanso na Bíblia

A ordem de Deus para que descansemos está no Decálogo, entregue a Moisés, no Sinai (Êx 20.1-17). O povo havia saído de uma situação de escravidão no Egito, em que nunca descansava. Hoje, ainda que nossa realidade não se configure como a do povo recém-liberto da escravidão, vivemos imersos em um sistema capitalista que, em muitas situações e em nome do progresso, também exclui a possibilidade do descanso semanal, uma vez que passamos os dois dias do fim de semana ocupados com afazeres domésticos e com toda sorte de questões que envolvem a vida fora do ambiente profissional. Isso sem mencionar que muitas pessoas precisam vender as férias anuais para dar conta dos compromissos financeiros. O justo seria que, nos cinco dias da semana, pudéssemos realizar não só as tarefas profissionais mas também as necessárias para prover a vida fora do trabalho. Com isso, haveria a real possibilidade de usufruir do descanso semanal.

No contexto bíblico dos Dez Mandamentos, contudo, o descanso passa a ser observado semanalmente, inclusive com penas estipuladas para os rebeldes que, porventura, se recusassem a descansar. A ordem dada a Moisés é clara: tudo deve ser feito nos seis dias da semana, pois o sétimo dia é santo, ou seja, é separado para não fazer nada. Nada mesmo. É ficar no vazio, um dia para nos distrairmos, para sermos atenciosos e cuidadosos conosco.[2] O interessante é que a primeira pergunta que fazemos no dia de descanso é: "O que faremos hoje?".

---

[2] Nilton Bonder, um rabino brasileiro, define bem o que Deus disse no Decálogo entregue a Moisés em seu texto "Os domingos precisam de feriados", <chrome-extension://efaidnbmnnnibpcajpcglclefindmkaj/https://www.mundosustentavel.com.br/wp-content/uploads/2011/05/bonder.pdf>.

Já estamos marcados pela ansiedade. Sonhamos com uma longevidade de 120 anos, mas nos preocupamos com o que fazer numa tarde de domingo.

O descanso é o quarto mandamento do Decálogo, vindo logo após os três que se referem ao amor e à fidelidade a Deus, e a não tomar seu nome em vão. Trata-se também do mandamento mais longo, pois traz todas as diretrizes para sua execução. Todos na casa devem descansar. Filhos, empregados, estrangeiros e até os animais usados no trabalho (Êx 20.8-11).

Como cristãos, não temos a liberdade de *não* descansar. A ausência do descanso afeta o corpo, a alma e a mente, acarretando um prejuízo tanto na esfera profissional como na espiritual. Ao contrário do que muitos pensam, quem realmente descansa cria e produz mais. Muito já se falou do chamado ócio criativo, que é exatamente um tipo de renascer de ideias à medida que se descansa. A ausência de pausas e paradas obscurece e bloqueia a imaginação e a criatividade.[3] Não raro, a falta do novo é exatamente porque não paramos para poder perceber novas maneiras de ver e oportunidades, e assim criar e planejar a partir do que vemos.

O recolhimento e a oração fizeram parte do ministério de Cristo, assim como o descanso físico. É perceptível que ele mantinha uma conexão saudável entre seu corpo e seus limites. Ao relatar o encontro de Cristo com a mulher samaritana à beira do poço, João diz que "Jesus, cansado da longa caminhada, sentou-se junto do poço, por volta do meio-dia" (Jo 4.6).

Alguns creem que o *Shabat*, que significa descanso, não precisa ser exatamente no sábado, como manda o Decálogo,

---

[3] Domenico de Masi, *O ócio criativo* (São Paulo: Sextante, 2004).

mas deve ser um dia de 24 horas entre os sete dias da semana. Estou de pleno acordo, em especial quando se trata de líderes religiosos, que em geral têm o final de semana totalmente ocupado com as questões ligadas à igreja. Pode-se planejar e escolher um dia da semana para pausar. O descanso ordenado por Deus não começava pela manhã, mas no início da noite de sexta-feira e se estendia até o final do sábado. Para nós, o descanso, o fazer nada, deve começar com o preparo para dormir e se estender até o final do dia seguinte.

### Descanso completo

Não basta apenas escolher o dia. É preciso observar alguns passos que podem ser importantes na prática do descanso. Há pelo menos quatro aspectos importantes que podem ser vivenciados nas paradas do trabalho rotineiro.[4]

O primeiro é simplesmente... *parar*. E esse encerrar as responsabilidades do trabalho diário não significa que já precisamos nos envolver com outra atividade. Pode ser, apenas, o interromper das atividades para aproveitar o ócio. Pode ser um dia para ficar dentro de casa ou ao ar livre. Muitas pessoas entendem que descansar é fazer algo, como viajar ou participar de algum evento. Embora essas atividades possam ser relaxantes, alguns ficam tão ansiosos em buscar o que fazer que, quando não encontram nada diferente ou não possuem recursos financeiros suficientes para essas saídas, ficam ainda mais estressados.

O segundo item a ser observado é o descanso do corpo. Deveríamos levar muito a sério essa necessidade, porque o santo

---

[4] Peter Scazzero, *O líder emocionalmente saudável: Como a transformação de sua vida interior transformará sua igreja, sua equipe e o mundo* (São Paulo: Hagnos, 2016).

Espírito de Deus habita no corpo. A partir da redenção que encontramos em Cristo no Calvário, nos tornamos filhos de Deus e seu Espírito passa a fazer morada em nós (1Co 6.19). Se Deus habita em nós, temos o dever de realmente cuidar muito bem do lugar em que o sagrado habita. E o descanso se faz necessário. Mais do que isso. É só através do corpo que podemos amar e servir a Deus e às pessoas. Um corpo cansado não pode fazer muito, ou mesmo nada. Então, se quisermos cumprir adequadamente nosso desejo de dar o melhor para Deus e para o outro, o descanso para o corpo é prioridade.

Deus fez o corpo humano de modo especial. Ele o modelou com as próprias mãos. Todas as demais coisas foram criadas por meio de uma declaração. Deus falou e tudo começou a existir. Mas com o ser humano foi diferente. Ele criou primeiro o homem, de cujo corpo Deus fez a mulher. Somos totalmente diferentes de toda a criação.

O terceiro item referente ao dia separado para o descanso diz respeito ao deleite. O deleite emula o dia do descanso de Deus, no Gênesis. Ele contempla seus feitos e acha tudo muito bom (Gn 1.31; 2.1-2). E em seguida decreta o descanso no sétimo dia. Precisamos trabalhar, criar e produzir, mas também precisamos aprender a nos maravilhar diante do que foi feito e a desfrutar do prazer disponível e legítimo no caminhar diário e principalmente no descanso.

As palavras *kairós* e *kronos* são dois termos gregos para designar o tempo e que reforçam a importância do trabalhar e do desfrutar. Enquanto no tempo *kronos* temos compromissos, pressa e agenda a cumprir, no *kairós* não temos horários, podemos parar o tempo necessário para sentir e desfrutar de todas as sensações que nos chegam através dos órgãos dos sentidos. Podemos ter necessidade de tomar um banho *kronos*, em dois minutos, porque temos de comparecer a uma reunião agendada. Mas há dias e momentos em que podemos tomar um banho *kairós*, sentir a temperatura da água, o perfume do sabonete e o toque na própria pele.

O período de descanso deve objetivar o tempo sem hora marcada. Um tempo para saborear a refeição, perceber o entorno em suas cores, luzes, odores, sons de música, de animais, de crianças ou qualquer outro que na correria do trabalho do dia a dia nem sequer os percebemos. Deleitar-nos no descanso é uma boa oportunidade para percebermos quanto os órgãos do sentido podem estar embotados e não desenvolvidos. Se visão, audição, toque, paladar e olfato estão disponíveis, por que desfrutamos tão pouco? Precisamos aprender e escolher focar atentamente em todas as sensações que nos chegam. É através delas que desfrutamos o deleite, admirando o trabalho realizado, celebrando o fato de fazermos parte do universo com alguma contribuição, seja ela qual for. O primeiro milagre feito por Cristo, registrado no Evangelho de João, foi exatamente a transformação de água em vinho (Jo 2.1-12). Um detalhe interessante porque o vinho, tomado na medida certa, é reconhecido como algo que traz alegria, relaxamento e deleite.

O quarto elemento que pode e deve fazer parte do tempo semanal tirado para o descanso é a contemplação. Há os que defendem que para um bom período de contemplação é necessário o afastamento de tudo e de todos. Embora eu não tenha nada contra essa definição, na minha experiência percebo que a contemplação no descanso semanal é espontânea e perceptível, e pode acontecer a qualquer momento. Quando observamos os três itens anteriores, o caminho para a contemplação e a percepção de algo que transcende se abre, às vezes até sem explicação racional.

Uma das contemplações mais significativas na minha vida ocorreu exatamente em um dia que escolhi para descansar. Sentei-me em frente à janela da sala e fiquei olhando o sol baixar. Como família, estávamos passando momentos de despedida de um filho, que se mudava com a família para um país distante. Pude perceber o fim do dia e o começo da noite, enquanto as luzes avermelhadas do sol surgiam no horizonte e a penumbra do anoitecer avançava. Nesse momento ficou claro para mim que Deus estava em ambos e que caminharia comigo quando a saudade dos netos e a tristeza pela ausência dos queridos chegassem. Até hoje continuo tendo momentos especiais com o nascer e o pôr do sol, e sempre com a presença marcante de Deus, que como o vento não vemos, mas sabemos que está ali.

## Inimigos do descanso

Em meu trabalho de mentoria e de acompanhamento psicoterapêutico, tenho percebido alguns inimigos que impedem o descanso. O primeiro deles é a dificuldade em delegar, e ela está relacionada com a crença de que temos o dever e a obrigação de ajudar a todos que necessitam de algum conselho, companhia, oração ou qualquer outra coisa. Temos dificuldade em dividir nossas tarefas com os outros, talvez por não confiar ou por achar que só o nosso jeito de fazer é o certo e o melhor. No entanto, geralmente, o jeito do outro é apenas diferente, e não defeituoso.

Moisés pode ser um bom exemplo bíblico. Acumulou tantos afazeres para ele mesmo enquanto conduzia os israelitas pelo deserto que Jetro, seu sogro, ao visitá-lo e perceber a loucura que Moisés vivia, disse: "O que você está fazendo não é bom [...] Você ficará esgotado e deixará o povo esgotado. É um trabalho pesado demais para uma pessoa só" (Êx 18.17-18).

Felizmente, Moisés acatou o conselho do sogro. Hoje damos o nome de *burnout* ao esgotamento total das energias e dos recursos ao desenvolvermos uma tarefa, uma responsabilidade ou um projeto. Moisés só não entrou em estresse profundo porque ouviu o conselho e aceitou a ajuda do sogro. Ele permaneceu como líder de todo o povo e era quem passava todas as instruções e ensinamentos, mas nomeou líderes de grupos de mil, de cem, de cinquenta e de dez como conselheiros a fim de ajudá-lo a solucionar problemas cotidianos. Com isso, teria de lidar apenas com as questões mais difíceis.

Edmar, líder de uma comunidade religiosa, é um exemplo, hoje, daquilo que Moisés experimentou. Trata-se de uma pessoa bondosa e altruísta, que sempre pensa no outro. É movido a realizar projetos de benfeitoria e de acolhimento. E é assim que deseja gastar sua vida, o que é bonito e louvável. O erro de Edmar foi deixar de incluir a si mesmo na lista dos que recebem seus serviços e suas benesses. Não prestava muita atenção ao tempo exageradamente gasto em atividades que requeriam sua liderança. Tampouco era muito sensível com as necessidades de descanso do próprio corpo e da mente.

Após anos de desequilíbrio, seu corpo deu sinal de alerta. Em uma reunião em sua comunidade, sentiu um mal-estar no peito, que chamou de angústia. Percebeu-se sem ânimo e sem forças para qualquer atividade. Temendo tratar-se de algum problema físico, buscou ajuda médica. Depois de algumas consultas e exames, o diagnóstico foi de estresse mental, e não de problema físico. Edmar foi orientando a buscar ajuda em psicoterapia e, quando começou a pensar mais em si mesmo, percebeu que estava desconectado do seu emocional e que não respeitava as necessidades de descanso do corpo. Podemos ter certeza de que o mundo continuará a funcionar, e em geral bem, sem a presença dos que pararam para descansar e repor suas energias.

O segundo inimigo do descanso — e talvez até o mais comum e pouco reconhecido — é o medo de se ver, de perceber a própria realidade. Nas paradas, em razão de experiências difíceis e mal resolvidas na vida, podemos encontrar nossos fantasmas ou escutar as vozes internalizadas. Uma pergunta a ser respondida e que pode ajudar nessa autoavaliação é: O que pode acontecer comigo se o que faço hoje me for tirado?

Muitas pessoas não podem parar porque, se o fizerem, terão de enfrentar algo que, embora delas mesmas, lhes é estranho por ainda não estar reconhecido e integrado a sua vida. Isso é bem comum, principalmente quando a parada para o descanso inclui o silêncio — e o silêncio fala. E é bem importante a escuta atenciosa daquilo que ele diz. Pode ser medo, ansiedade, ameaça, vazio, acusação ou culpa. Quando escutamos, podemos encontrar algum rumo mais confortável ou conviver com esses ruídos internos.

O salmo 42 registra a conversa do salmista consigo mesmo. Ao identificar a tristeza e a ansiedade com as quais vem convivendo, ordena a si mesmo que mantenha a esperança: "Por que você está tão abatida, ó minha alma? Por que está tão triste? Espere em Deus! Ainda voltarei a louvá-lo, meu Salvador e meu Deus!" (Sl 42.5-6). Em suma, para descansarmos adequadamente precisamos nos reconciliar conosco e ficarmos bem em nossa própria companhia.

## 11
## Saúde mental dos líderes religiosos

O número de líderes, em especial os religiosos, que apresentam algum nível de adoecimento mental tem aumentado consideravelmente. Uma pesquisa feita pelo Instituto Schaeffer apresenta um número alarmante de pastores deprimidos e esgotados.[1] O estresse físico profundo leva ao crescente uso de medicação para dormir e à ausência por licença médica ou para um tempo sabático.

Outros sinais aparecem não como adoecimento ou cansaço, mas como distorções comportamentais. Muitos líderes tornam-se impacientes, autoritários e controladores, distanciando-se totalmente das orientações de Cristo e dos apóstolos para um pastoreio amoroso e saudável. Mas o pior sinal é o crescente número de pastores que, não se sentindo capazes de suportar o peso da vida e a intensidade do sofrimento, cometem suicídio.

Questões de ordem pessoal, familiar, relacional, financeira e até emocional — como o apego ao sucesso e ao poder — podem trazer um nível de desorganização na vida do pastor ou da pastora a ponto de enfraquecer sua saúde mental.[2] A melhor maneira de os líderes se protegerem contra esses perigos

---

[1] Ultimato Online, "Relacionamento, descanso e cuidado de pastores e líderes são assuntos do Retiro Sepal 2023", *Revista Ultimato*, 14 de março de 2023, <https://www.ultimato.com.br/conteudo/relacionamento-descanso-e-cuidado-de-pastores-e-lideres-sao-assuntos-do-retiro-sepal-2023>.

[2] Clarice Ebert, *Saúde pastoral: Reflexão e prevenção* (São Leopoldo: Sinodal, 2023).

é empenhar-se em se conhecer bem — não só sua capacidade de realizações, mas também suas dificuldades. Isso requer um constante autoexame em todas as áreas de convivência, e principalmente coragem e tempo para conhecer os próprios pensamentos, sentimentos, motivações e desejos.

## Autoconhecimento

À luz do evangelho, somos chamados a ser autênticos e verdadeiros, e viver de modo coerente, principalmente consigo, é um alto fator para o fortalecimento da saúde mental. O fato é que não há outra forma de viver com sinceridade se não conhecermos nossas especificidades, nossas forças, nossos talentos, nossas qualidades, nossas habilidades e nossos dons; mas também devemos estar cientes de nossas mazelas, nossos limites e as miserabilidades do nosso lado caído. Se quisermos mudar algo em nós mesmos, a primeira coisa a fazer é reconhecer verdadeiramente o que existe em nosso ser. Primeiro é preciso ver e assumir para depois mudar.[3]

Olhar, tomar consciência dos sentimentos e expressá-los beneficia a saúde mental e também protege o corpo de algumas doenças. Nos Evangelhos, Cristo, por diversas vezes, ordena que olhemos para dentro, e mostra quão fundamental é empenhar-nos no autoconhecimento. No Sermão do Monte, Jesus pede que avaliemos nossa própria conduta antes de querer ajudar os outros:

> Por que você se preocupa com o cisco no olho de seu amigo enquanto há um tronco em seu próprio olho? Como pode dizer a seu amigo: "Deixe-me ajudá-lo a tirar o cisco de seu olho", se não

---

[3] Carl Rogers, *Tornar-se pessoa* (São Paulo: Martins Fontes, 2009).

consegue ver o tronco em seu próprio olho? Hipócrita! Primeiro, livre-se do tronco em seu olho; então você verá o suficiente para tirar o cisco do olho de seu amigo.

Mateus 7.3-5

Como seguidores de Cristo, ninguém está autorizado a tirar o cisco do olho de alguém sem antes se avaliar bem e conhecer verdadeiramente os troncos que podem estar atravessados na própria vida (Mt 7.1-5). Se não tratarmos nossas próprias questões, não temos, segundo Jesus Cristo, autoridade alguma para influenciar alguém para uma possível mudança. Mais que isso, somos chamados de hipócritas.

Em outra situação, ao lidar com os fariseus, Cristo alerta seus seguidores e ouvintes de que é muito mais importante a limpeza interna que os rituais religiosos de higiene: "Jesus chamou a multidão para perto de si e disse: "Ouçam, todos vocês, e procurem entender. Não é o que entra no corpo que os contamina; vocês se contaminam com o que sai do coração" (Mc 7.14-15). Logo na sequência, Jesus lista os perigos da maldade humana, aquilo que sai do coração, tanto para a pessoa como para quem está próximo dela: "maus pensamentos, imoralidade sexual, roubo, homicídio, adultério, cobiça, perversidade, engano, paixões carnais, inveja, calúnias, orgulho e insensatez" (Mc 7.21-22). Isso não significa que higiene pessoal não seja necessária nem saudável, mas a prioridade é a limpeza da miséria que pode habitar o coração humano. É necessário cuidar do interior, e não cair na ditadura das aparências externas.

Em outra ocasião de seu ministério, Cristo convida aqueles que trouxeram diante dele uma mulher pega em adultério a examinarem a si mesmos antes de aplicar a pena por apedrejamento. Mais uma vez fica claro que ninguém está autorizado a exercer juízo moral sobre o outro se antes não fizer uma autoavaliação (Jo 8.1-11). Uma autoavaliação adequada mostrará que ninguém é melhor que o outro. Se vivemos de um modo um pouco mais adequado e aceito, é simplesmente pela graça redentora de Cristo Jesus, demonstrada no Calvário.

Se o líder não tiver consciência de sua própria verdade, como poderá liderar com autoridade e eficiência? O apóstolo Paulo absorveu bem essa verdade. Tanto que, ao escrever a Timóteo, seu aprendiz, ele deixa claro a importância do autocuidado: "Tem cuidado de ti mesmo e da doutrina..." (1Tm 4.16, ARA). Entre os aspectos positivos da psicoterapia, há cinco práticas que podem facilitar o autoconhecimento.

1. *Devocional bíblica, meditação e intimidade com Cristo*. A oração, a leitura bíblica e o tempo a sós com Deus podem ser um momento valioso não só para o autoconhecimento como para estreitar a intimidade com o Pai. O segredo é não desprezar aspectos evidentes do comportamento humano, enquanto se medita e é confrontado pela Palavra. Lembro de sentir se agigantarem diante de mim as palavras "Quero que demonstrem misericórdia, e não que ofereçam sacrifícios ", enquanto lia Mateus 9.13. Gastei pelo menos dois meses pensando e meditando sobre esse texto e concluí que eu não experimentava a misericórdia divina na minha vida e também não estendia essa misericórdia ao outro. A partir do reconhecimento de minha negligência, pude confessar e expressar meu desejo de ampliar a compaixão — eu precisava perdoar a mim mesma, uma vez que já estava perdoada por Deus.

Podemos desenvolver para conosco a mesma compaixão que desejamos ter com os outros e, assim, ver-nos com um novo olhar e uma nova história. Se eu pudesse acrescentar um texto na Bíblia, seria esse: "Bem-aventurada a pessoa que se reconcilia consigo mesma". Entendi que muitos dos meus feitos do passado, pelos quais ainda me condenava, eram o melhor que eu conseguia fazer naquele momento. Faltavam-me o conhecimento e as aquisições que tenho hoje. Não havia como fazer diferente. Esse olhar amoroso e acolhedor para comigo me ajudou muito a aceitar minhas fraquezas, a me perdoar e a crescer cada vez mais no amor para comigo e para com aqueles com quem me relaciono em todas as áreas de minha vida.

Com certeza a proximidade com Deus, através de Cristo Jesus, e do tempo que dispusermos para gastar refletindo, pode jogar muita luz nas nossas trevas. E aonde a luz chega as trevas se diluem e desaparece.

2. *Ajuda psicológica em psicoterapia*. Embora a psicologia não tenha criado o conceito do autoconhecimento, existente desde Sócrates, foi ela que organizou e estabeleceu o vínculo psicoterapêutico, pelo qual o psicólogo recebe da pessoa que o procura a licença para entrar e conhecer larga e profundamente a vida do paciente.

Nos encontros psicoterapêuticos, a proposta é olhar para dentro e perceber em que medida nosso comportamento, mesmo inconsciente, está conectado com as vivências e dores guardadas. Por ser um processo estruturado e metódico, a psicoterapia é eficaz em proporcionar um crescimento mais rápido.

Rogério, que não só acreditou mas quis experimentar o processo psicoterapêutico, falou sobre seu desejo acalentado de passar por um processo de autoconhecimento aprofundado e aprender a lidar de forma mais adequada e madura com alguns traumas do passado, a fim de ressignificá-los. No entanto, ele sempre esbarrava no medo, que o impedia de ir adiante. Ele sabia, porém, que assim que se permitisse mergulhar nas lembranças, as portas das emoções, antes trancadas, se abririam. Ele sentia a necessidade de cura e restauração, de perdoar outros para depois acolher as próprias dores com amor e respeito. Compreendia que seria preciso "descer ao poço" para que, a partir de lá, a vida pudesse se tornar mais leve e suave. Venceu o medo e buscou ajuda. À medida que se olhava mais profundamente, foi percebendo que o amor de Deus por ele era bem maior do que ele percebia. Hoje, como pastor, sente-se curado. Como homem sente-se em constante transformação interior. Já não se sente aprisionado, mas livre e em liberdade para sentir e viver.

O papel fundamental do psicoterapeuta é ajudar a pessoa a enxergar de perto o que ela é, onde sua vida está inserida e quais caminhos ela quer seguir a partir de suas percepções, suas descobertas e perspectivas. É possível que o surgimento da psicologia seja uma forma amorosa de Deus suprir o que a igreja tem falhado em fazer. Ouvir sem julgamentos precipitados, mas com empatia e acolhimento as pessoas estraçalhadas pelo peso de suas dores, angústias e culpas. Infelizmente muitos líderes não só criticam a prática da psicoterapia como pregam condenando os membros da igreja que usam esse recurso como um meio mais coerente e menos dolorido de viver. Alguns chegam mesmo a associá-la com o mal. Nada mais enganoso. Um psicoterapeuta comprometido e sério respeita a pessoa que o procura e a ajuda a avaliar e a escolher seus próprios caminhos de modo que ela se torne responsável por eles e assuma todas as possíveis consequências.

O maior medo que algumas pessoas expressam com relação à psicoterapia é que o psicólogo "faça sua cabeça". Na verdade, a proposta da psicoterapia não é catequisar e nem mudar a fé religiosa de quem busca ajuda. O psicoterapeuta deve respeitar a crença, os valores e princípios daqueles que o procuram, mesmo que não sejam coerentes com a prática de fé e crença pessoal do psicoterapeuta.

Em geral, o que percebo é que através do acompanhamento psicológico a pessoa encontra recursos para lidar com as faltas, adquire energia para assumir as próprias verdades e assume caminhos na vida que podem contrariar desejos e crenças religiosas de parentes e daqueles que estão próximos. Deixa de usar as máscaras que a fazem viver duas vidas distintas, fingindo ser quem na realidade não é.

Referindo-se à razão de a maioria dos líderes religiosos não buscarem ajuda psicológica, o também pastor e psicoterapeuta Fernando Oliveira explica:

> Infelizmente ainda constato dois tipos de resistência entre pastores quanto à psicologia como instrumento, conjunto de conhecimentos e processo terapêutico e de cuidado. A primeira é a psicologia em si. Preconceito, desconhecimento, teologia rasa ou uma experiência malsucedida podem alimentar essa resistência, que é bem menor que há duas ou três décadas, é verdade. A segunda reside na dificuldade de admitir a necessidade e submeter-se ao processo de psicoterapia. Tal dificuldade pode estar relacionada com expectativas equivocadas do próprio pastor sobre si mesmo, com negar ou ocultar sua humanidade e, consequentemente, suas vulnerabilidades, e com o medo de lidar com as próprias emoções, que nesses casos ficam preferencialmente submersas num oceano de conflitos, dúvidas e angústias.[4]

---

[4] Fernando Oliveira é pastor da Igreja Nova Aliança, psicólogo e participante da Fraternidade Refúgio. Atua, juntamente com a autora, no trabalho com Grupos de Crescimento. Depoimento concedido à autora para o livro.

Felizmente, muitos líderes religiosos e pastores estão vencendo essas barreiras e tirando proveito dos benefícios que a ajuda psicológica pode trazer. Rodrigo é um deles. Ele me procurou em meio a uma depressão profunda e grave. Em sua percepção, ele era uma pessoa sem valor. Culpava-se por tudo. Sentia-se incompetente como marido, como pai e como funcionário da empresa em que trabalhava. Aos poucos, foi descobrindo que, quando criança, não recebera o suficiente para se sentir seguro e amado. Foi criado num ambiente de muito desamparo e pouca aprovação. Descobriu que na vida adulta podemos compreender amorosamente as possíveis faltas dos pais e que precisamos ressignificar as mensagens, nem sempre construtivas, que recebemos das figuras parentais e também as construtivas que deixamos de receber.

3. *Expressão do sofrimento*. Outra vantagem que vejo na psicoterapia é o ambiente de segurança e sigilo que o trabalho psicoterapêutico proporciona. O profissional é treinado e capacitado a não revelar o que foi dito e compartilhado. Isso oferece segurança e liberdade para a colocação de questões delicadas, pois é reconhecido e comprovado que, ao expressar verbalmente para pelo menos uma pessoa o que foi percebido como sofrimento, a intensidade da dor diminui muito.[5] Mais que isso. À medida que expressamos verbalmente as próprias verdades, também as ouvimos e, ao fazê-lo, é possível, em muitos casos, perceber, misteriosamente, algum novo caminho para a mudança.

Sempre me lembro de uma médica que, mesmo havendo encerrado o processo de encontros semanais, ainda me

---

[5] Cristina Lamb, *Nosso corpo, seu campo de batalha: A guerra e as mulheres* (São Paulo: Companhia das Letras, 2023).

procurava esporadicamente. Certa vez me ligou e disse: "Vamos marcar uma consulta. Preciso me ouvir". E era o que acontecia. Em muitas situações, à medida que ela se ouvia, percebia o que era preciso fazer diferente em sua vida. Nesses casos, o trabalho do profissional é mais o de promover um ambiente acolhedor e seguro para que a pessoa expresse o que a incomoda, e se escute.

No entanto, nem sempre a pessoa que carrega um sofrimento consegue expressar e traduzir verbalmente sua angústia. Podemos expressá-la através da arte. Composições musicais, teatrais, pinturas, esculturas e o simples fato de escolher algo da natureza que represente a realidade interna são formas de expressar simbolicamente o sofrimento, diminuindo sua intensidade e oferecendo uma possível libertação.[6]

4. *Grupos de pastoreio e mentoria*. Outro recurso altamente positivo para o autoconhecimento e fortalecimento da saúde mental são os grupos de pastores. Oriundos de várias denominações, eles investem tempo em encontros de compartilhamento, confissão e escuta a fim de se ajudarem mutuamente, enquanto buscam nas Escrituras um conhecimento melhor sobre quem é o ser humano e quem é Deus.

Se os encontros desses grupos forem organizados sistematicamente, exercerão também um tipo de mentoria. O cuidado precisa acontecer em todos os âmbitos da vida, seja na relação consigo mesmo, seja na relação com os outros ou ainda na relação com o mundo. Lembrando que é, ao cuidar e sermos cuidados, que vamos descobrindo quem somos. Muitos

---

[6] Inspirado pelo rei Davi, Rodrigo decidiu expressar pela escrita sua experiência e poetou a depressão em cordel.

homens e mulheres que lideram assumem para si as expectativas irreais da igreja local, da sua denominação ou do cônjuge e adoecem por não conseguir corresponder a tais expectativas. Precisamos de espaço e ambientes em que, pela graça, sejamos acolhidos e nos quais possamos reconhecer e expressar nossas vulnerabilidades enquanto homens e mulheres que cuidam e que precisam ser cuidados.[7]

Gosto muito da prática do que em psicologia chamamos de supervisão, isto é, quando um profissional busca o olhar e o conhecimento de um psicoterapeuta mais experiente para não só melhor desempenhar seu trabalho como profissional mas também para crescer na vida pessoal. No mundo da teologia e do pastorado essa não é uma prática comum, embora seja muito saudável um líder se dispor a receber de outros o cuidado que muitas vezes nem ele mesmo percebe que necessita. O outro tem a possibilidade de enxergar o que nós não percebemos.

Talvez não tenhamos entendido bem o texto "há bênção maior em dar que em receber" (At 20.35). Muitos ainda não perceberam que ao dar, alegramo-nos pela decisão de sermos fonte de bênção para o outro. Mais que isso. À medida que o outro recebe e se alegra por receber, também somos abençoados. É uma bênção dupla. É importante que cresçamos emocionalmente a ponto de nos permitir receber. Não porque o outro tenha a obrigação de dar, mas porque dependemos e realmente precisamos uns dos outros. Quando aprendemos a desfrutar da bênção que

---

[7] Ilaene Schüler, "Cuidando de si para cuidar bem do outro", *Ministério de Apoio a Pastores e Igrejas*, 14 de julho de 2016, <http://pastoreiodepastores.com.br/ferramenta/cuidando-de-si-para-cuidar-bem-do-outro/>.

é ser cuidado, fazemos bem àqueles que nos ministram ou nos oferecem algo.

Uma lição preciosa é a forma que Deus escolheu para começar a viver entre nós. Ele nasceu como um bebê totalmente dependente de Maria e de seus cuidados. Ele só recebia e, na fragilidade de uma criança, não tinha recursos para oferecer nada, exceto a satisfação que ele pode demonstrar. Nesse contexto, também podemos aprender muito com os pastores que visitaram Jesus logo ao nascer (Lc 2.8-20), e com os sábios do Oriente que também o visitaram ainda recém-nascido (Mt 2.1-12). Esses homens sabiam que não receberiam nada pelo esforço e sacrifício de viajarem até onde Jesus estava. Eles vieram e ofereceram o que tinham, e ponto final. Anos depois, no caminho do Calvário, Jesus precisou da ajuda de Simão, o cireneu, para levar o madeiro até o lugar da crucificação (Mc 15.21-22). Precisamos ampliar um pouco mais nossa teologia: O Leão da tribo de Judá, o Cristo ressurreto, é o bebê que nasceu em Belém frágil e necessitado e também o Cristo que precisou de ajuda, e a aceitou, para chegar ao Gólgota. A autossuficiência, tão comum em muitos líderes, não condiz com a realidade da vida e muito menos com o exemplo de Jesus Cristo.

A mentoria individual é outro recurso a que um líder religioso pode recorrer para não caminhar só, e experimentar crescimento não apenas em sua fé, mas também em seus relacionamentos. A mentoria ajuda esses pastores a não tomar decisões importantes de forma precipitada e ainda contribui para o amadurecimento nos âmbitos emocional, físico e espiritual. Ela pode ser feita por alguém mais experiente e com amplo conhecimento da Bíblia, da prática em liderança e da vida. Além disso, é fundamental que seja exercida por pessoas que sabem ouvir não só com os ouvidos, mas também com os olhos e o coração. Enfim, o mentor deve ser alguém capaz de se concentrar genuinamente na pessoa mentoreada, de se conectar com o ela e consigo mesmo para que o compartilhamento das ressonâncias provenientes do encontro seja amoroso e acolhedor.

Pessoas, rígidas, endurecidas e autoritárias, que se fazem donas da verdade e usam as Escrituras para julgar, condenar e surrar os outros estão desqualificadas para a mentoria, mesmo que tenham adquirido um volume extraordinário de conhecimento bíblico. Participar de um grupo de pastoreio ou de uma mentoria individual significa se render ao cuidado e ao conhecimento de outros, e ampliar a percepção da própria realidade interna.

5. *Amizade*. Outro meio de crescermos na tarefa de ver-nos melhor é a amizade com pessoas amorosas e acolhedoras. Os bons amigos são aqueles capazes de se alegrar com nossas conquistas, mas também que estão prontos a caminhar conosco através de nossos desertos áridos. Mesmo assim, precisamos ter cuidado com a idealização dos amigos na esperança de que eles sejam algum tipo de pronto-socorro, sempre a postos para nos socorrer. Alguns amigos são ótimos companheiros de viagem, e outros são excelentes para uma refeição juntos, por exemplo. Já outros amigos, embora nem sempre se revelem companhias agradáveis para um convívio de muitos dias, estão sempre prontos a nos ajudar em uma emergência, ainda que de madrugada.[8]

Na realidade, por mais longa que seja nossa vida, ainda assim é muito pouco tempo para alimentar amizades íntimas com muitas pessoas, pois esses relacionamentos requerem

---

[8]Judith Viorst, *Perdas necessárias* (São Paulo: Melhoramentos, 2005).

muito tempo e disponibilidade. Entretanto, podemos escolher aquelas pessoas de quem mais gostamos, com quem não precisamos manter segredos quanto aos sentimentos mais profundos, para de comum acordo investir tempo, dedicando-nos ao cultivo da amizade. Esse tipo de amizade nos permite desfrutar da convivência, compartilhar alegrias e conquistas, lamentar e nos entristecer nas perdas e frustrações. Quando necessário, também ouviremos e confessaremos mazelas e misérias, diremos e ouviremos verdades que podem nos ajudar.

Jesus Cristo também pode ser nosso exemplo. Ele lidava com a multidão, interagia com o grupo de setenta discípulos enviados em uma missão especial, andava com os Doze, dos quais quatro eram mais próximos: Pedro, André, Tiago e João. Mas ainda entre esses quatro, havia João, que com certeza foi o que desenvolveu uma amizade mais próxima de Cristo — ele foi o único dos Doze que permaneceu no Calvário até o final da crucificação; foi ele também que recebeu a incumbência de Cristo para cuidar de Maria, sua mãe (Jo 19.25-27).

É nos relacionamentos pessoais, de amizade, que temos a possibilidade de viver encontros marcantes, capazes de restaurar possíveis danos sofridos e de apontar novos caminhos na vida. Salomão, rei de Israel, descobriu isso e registrou dessa forma a importância de boas amizades: "Assim como o ferro afia o ferro, assim um amigo afia o outro" (Pv 27.17). Já na sua velhice, ao escrever Eclesiastes, Salomão também escreveu sobre o valor da amizade: "É melhor serem dois que um, pois um ajuda o outro a alcançar o sucesso. Se um cair, o outro o ajuda a levantar-se. Mas quem cai sem ter quem o ajude está em sérios apuros" (Ec 4.10).

Olhar para dentro, conscientizar-nos de quem somos de verdade, expressar em algum momento a própria miséria, tudo isso enfraquecerá a possível dor ou desconforto e trará força para alcançar o alívio, e fazer a mudança necessária. Mais que isso, fortalecerá nossa saúde mental, e principalmente a saúde mental do líder, que influencia pessoas, que por sua vez o veem como referência.

# Conclusão

O tema saúde mental é extenso e pode apresentar diferentes perspectivas e vertentes entre os estudiosos do assunto. Neste livro procurei abordar alguns pontos tanto sob a ótica da psicologia como da teologia, desejando que os leitores e as leitoras tirem proveito de ambas as áreas.

Creio na possibilidade de vivermos bem e melhor a cada dia. A vida não precisa ser estática. Podemos rever e refazer nossas trilhas constantemente. Somos chamados para descartar os possíveis olhares disfuncionais e rever valores sem abalar a filiação concedida através de Cristo por nosso Deus amoroso e cheio de misericórdia. É assim que a saúde mental vai se fortalecendo. Não seremos perfeitos, mas com certeza teremos mais recursos para lidar com as possíveis desventuras da vida.

Que cada leitor ou leitora deste livro possa ter a coragem e a força suficientes para buscar as trilhas que alargam os caminhos de misericórdia do coração. E que essa misericórdia seja estendida a outros e a si mesmo.

# Agradecimentos

Mais uma vez deixo minha gratidão a cada uma das pessoas que confiam em meu trabalho e me procuram para acompanhamento psicoterapêutico. Pessoas que se desnudam e se revelam na minha presença e escutam os mistérios mais profundos da sua alma. Verbalizam suas dores, angústias, perplexidades, dúvidas e até seus segredos. Vocês contribuem para que cada vez mais meus conhecimentos da alma e do ser humano sejam ampliados. Sem vocês, com certeza o conteúdo deste livro seria diferente. Enquanto caminho junto sou enriquecida e abençoada.

Ao meu marido, Eliel Carrenho, que concordou em abrir mão do que tínhamos programado para as férias, para que eu terminasse o livro. À Silvia Justino, que sempre consegue clarear minhas ideias e enriquecer o conteúdo já escrito, com sua revisão.

# Bibliografia

ALBON, Mitch. *A última grande lição: O sentido da vida*. Rio de Janeiro: Sextante, 1998.

AMATUZZI, Mauro Martins. *Psicologia e espiritualidade*. São Paulo: Paulus, 2008.

EBERT, Clarice. *Saúde pastoral: Reflexão e prevenção*. São Leopoldo: Sinodal, 2023.

GRAHAM, Billy. *A caminho de casa: Vida, fé e como terminar bem*. São Paulo: Europa, 2012.

GRÜN, Anselm. *O ser fragmentado: Da cisão à integração*. São Paulo: Ideias & Letras, 2017.

_____. *Morte: A experiência da vida em plenitude*. Petrópolis: Vozes, 2014.

HALÍK, Tomáš. *Quero que sejas: Podemos acreditar no Deus do amor*. Petrópolis: Vozes, 2018.

_____. *Não sem esperança: O retorno da religião em tempos pós-otimistas*. Petrópolis: Vozes, 2018.

HENDRICKS, Howard. *O outro lado da montanha: O caminho do amadurecimento digno e saudável*. São Paulo: Mundo Cristão, 2005.

KELLER, Timothy. *Justiça generosa: A graça de Deus e a justiça social*. São Paulo: Vida Nova, 2013.

KOENIG, Harold G. *Medicina, religião e saúde: Encontro da ciência e da espiritualidade*. Porto Alegre: L&PM, 2012.

LUDOVICO, Osmar. *Meditatio*. São Paulo: Mundo Cristão, 2007.

MATÉ, Gabor. *O mito do normal: Trauma, saúde e cura em um mundo doente*. Rio de Janeiro: Sextante, 2023.

MARDINI, Yusra. *Borboleta: De refugiada a nadadora olímpica*. Rio de Janeiro: Harper Collins, 2022.

ROSEMBERG, Marshall B. *Comunicação não-violenta*. São Paulo: Ágora, 2006.

SHAFIK, Minouche. *Cuidar uns dos outros: Um novo contrato social*. Rio de Janeiro: Intrínseca, 2021.

DA SILVA, Marco Aurélio Dias. *Quem ama não adoece: O papel das emoções na prevenção e cura das doenças*. São Paulo: Best Seller, 1998.

YASSUDA Mônica S. et al. *Velhice bem-sucedida*: *Aspectos afetivos e cognitivos*. Campinas: Papirus, 2004.

## Sobre a autora

Esther Carrenho é teóloga e psicóloga clínica. Possui larga experiência em atendimento de adultos, casais e família, e atua como facilitadora de Grupos de Crescimento Emocional e de Grupos de Casais. É membro da APEL — Academia Paulista Evangélica de Letras. Congrega como membro da Comunidade de Jesus, em Campo Belo, São Paulo. Esther é palestrante e autora de vários livros, entre os quais *Raiva: Seu bem, seu mal* e *Caminhos de vida*. Casada com Eliel, é mãe de três filhos e avó de sete netos.

Compartilhe suas impressões de leitura,
mencionando o título da obra, pelo e-mail
**opiniao-do-leitor@mundocristao.com.br**
ou por nossas redes sociais

Esta obra foi composta com tipografia Palatino
e impressa em papel Pólen Natural 70 g/m² na gráfica Assahi

# Um corpo estranho
Ensaios sobre
sexualidade e teoria queer

Guacira Lopes Louro
—
## Um corpo estranho
Ensaios sobre
sexualidade e teoria queer

3ª edição revista e ampliada
5ª reimpressão

**autêntica**   aRgoS

Copyright © 2004, 2018 Guacira Lopes Louro

Todos os direitos reservados pela Autêntica Editora Ltda. Nenhuma parte desta publicação poderá ser reproduzida, seja por meios mecânicos, eletrônicos, seja via cópia xerográfica, sem a autorização prévia da Editora.

COORDENADOR DA COLEÇÃO ARGOS
*Rogério Bettoni*

EDITORAS
*Cecília Martins*
*Rafaela Lamas*

REVISÃO
*Vera Lúcia Simoni de Castro*
*Cecília Martins*

CAPA
*Diogo Droschi*
*(Sobre cartografia interior nº 9, acetato e fotografia a cor tipo C – 1995 de Tatiana Parcero)*

DIAGRAMAÇÃO
*Waldênia Alvarenga*

---

**Dados Internacionais de Catalogação na Publicação (CIP)**
**(Câmara Brasileira do Livro, SP, Brasil)**

Louro, Guacira Lopes
  Um corpo estranho / Guacira Lopes Louro. -- 3. ed. rev. amp.; 5. reimp -- Belo Horizonte : Autêntica, 2024. -- (Argos)

  Bibliografia.
  ISBN 978-85-513-0390-0

  1. Educação 2. Identidade de gênero 3. Identidade sexual 4. Sexo (Psicologia) 5. Teoria Queer I. Título. II. Série.

18-15005                                                CDD-306.43

Índices para catálogo sistemático:
1. Teoria Queer : Sociologia 306.43

Iolanda Rodrigues Biode - Bibliotecária - CRB-8/10014

---

**Belo Horizonte**
Rua Carlos Turner, 420
Silveira . 31140-520
Belo Horizonte . MG
Tel.: (55 31) 3465 4500

**São Paulo**
Av. Paulista, 2.073 . Conjunto Nacional
Horsa I . Salas 404-406 . Bela Vista
01311-940 . São Paulo . SP
Tel.: (55 11) 3034 4468

www.grupoautentica.com.br
SAC: atendimentoleitor@grupoautentica.com.br

# SUMÁRIO

7 | **Apresentação**

11 | Viajantes pós-modernos

25 | Uma política pós-identitária para a Educação

51 | "Estranhar" o currículo

69 | Marcas do corpo, marcas de poder

83 | Foucault e os estudos queer

95 | O estranhamento queer

105 | **Referências**

# Apresentação

Na primavera de 2003, *Um corpo estranho* se apresentava como um conjunto de ensaios sobre sexualidade e teoria queer. O livro provavelmente intrigava. Queer era, então, uma expressão pouco conhecida. Atrelada à sexualidade, talvez sugerisse encrenca, incômodo e curiosidade. Hoje as coisas podem se mostrar um pouco diferente. Queer parece ter ganhado visibilidade. É provável que continue provocando curiosidade e desconfiança, mas agora circula na mídia, assumido por uns, repudiado por outros. Aparece eventualmente numa novela, numa exposição de arte, causa escândalo aqui ou ali. Talvez ainda se encontre restrito a certos espaços e grupos. Talvez transite com desenvoltura apenas entre alguns ativistas, intelectuais, artistas. Ainda deve parecer, para muitos, uma coisa estranha. E é mesmo! Queer costuma ser o rebelde, o mal-comportado. Não importa se estamos falando de um indivíduo ou de um grupo, de um movimento ou de um pensamento, tudo ou todos que se revelem ou se reconheçam como queer se mostram, de algum modo, "estranhos", afinal é parte da sua "natureza" desacatar normas e perturbar cânones.

Nesta nova edição, retomo os ensaios de 2003 e acrescento outros. Tal como antes, tomo emprestado conceitos, estratégias e figuras teóricas sem a pretensão de explicar ou descrever a teoria. Assumo que queer pode ser tudo que é estranho, raro, esquisito. O que desestabiliza e desarranja. Queer pode ser o sujeito da sexualidade desviante, o excêntrico que não deseja ser "integrado" ou "tolerado". Pode ser, também, um jeito de pensar e de ser que não aspira o centro nem o quer como referência; um jeito de pensar e de ser que desafia as normas regulatórias da sociedade, que assume o desconforto da ambiguidade, do "entre lugares", do indecidível.

Neste livro, busco tirar proveito da irreverência e da disposição antinormalizadoras do movimento e do pensamento queer e apostar no seu potencial político para pensar para além da sexualidade. Jogo com a ambiguidade do termo e com as (im)possibilidades de sua tradução. Experimento pensar a educação e as marcas do corpo, ensaio um diálogo com Foucault, apelo ao queer para pensar o próprio pensamento. Poderia, com certeza, ousar mais. Não chego a subverter a forma do livro ou da escrita (o que teria sido muito mais queer), mas me arrisco a mexer em certezas e verdades. Multiplicidades vão se intrometer no que é binário. Incoerências irão se mostrar produtivas. Conhecimento e ignorância se avizinham. O belo e o grotesco se embaralham.

Certamente se encontra, aqui, mais questões do que respostas; suspeitas em vez de soluções. O livro faz um convite ou um desafio para pensar o impensável. É claro que tudo isso é arriscado. Mas a segurança enfim... ela espanta o queer.

*Porto Alegre, outono de 2018.*

# Viajantes pós-modernos

Ao final do filme *Deus é brasileiro*, de Cacá Diegues, ouvimos Taoca dizer: "A vida é um porto onde a gente acaba de chegar é nunca". Nesse filme, Deus, cansado de tanto trabalho, vem à terra para procurar um santo que fique em seu lugar enquanto ele tira férias. Na procura desse santo, ele sai viajando pelo interior do Brasil, na companhia de Taoca, um cara malandro mas "gente boa", que Ele vê logo ao chegar. O filme trata dessa viagem, das pessoas que eles encontram, dos lugares por onde passam e de transformações que acontecem não apenas com o rapaz, mas com o próprio Deus. É um "filme de estrada" (*road movie*). Não por acaso, faz lembrar de um outro, mais antigo, também dirigido por Diegues: *Bye bye Brasil*. Realizado em 1978, *Bye bye Brasil* tratava de mudanças. Conforme seu diretor, o filme pretendia falar de mudanças profundas "no coração e no estômago do país". Em *Bye bye,* uma trupe meio desengonçada, formada por um mágico cigano, uma bailarina e um motorista, aos quais se juntam um sanfoneiro e sua mulher grávida, sai pelas estradas do Norte e do Nordeste brasileiros, numa viagem que não tem paradeiro nem destino, sintetizada nas palavras do mágico: "a gente só se equilibra em movimento...".

A imagem da viagem é frequentemente evocada na Literatura e na Educação. Ela é recorrente nas novelas de formação (*Bildungsroman*). Conforme Jorge Larrosa (1998, p. 65), essas novelas tradicionalmente contam "a própria constituição do herói através das experiências de uma viagem que, ao se voltar sobre si mesmo, 'con-forma' sua sensibilidade e seu caráter, sua maneira de ser e de interpretar o mundo". Nessas narrativas clássicas, há uma espécie de entrelaçamento entre a viagem exterior e uma viagem interior, como diz o autor, e, nesse processo, o viajante vai formando sua "consciência, sensibilidade e caráter".

Os filmes de estrada guardam pontos de contato com essas narrativas (LOPES, 2002). Nesse gênero de filme, o personagem ou os personagens estão em trânsito, em fuga ou na busca de algum objetivo frequentemente adiado e, ao longo do caminho, veem-se diante de provas, encontros, conflitos. Ao se deslocarem, também se transformam e essa transformação é, muitas vezes, caracterizada como uma evolução.

Quero recorrer à ideia de viagem para construir minha argumentação. Para que possa desenvolver a lógica que pretendo, é preciso, no entanto, abandonar qualquer pressuposto de um sujeito unificado que vá se desenvolvendo de modo linear e progressivo, na medida em que, pouco a pouco, em etapas sucessivas, supera obstáculos, interioriza conhecimentos e entra em contato com pessoas ou leituras. Diferentemente da tradição humanista, não suponho que, gradativamente, o herói vá tomando "posse de si mesmo" (LARROSA, 1996). A imagem da viagem me serve na medida em que a ela se agregam ideias de deslocamento, desenraizamento, trânsito.

Na pós-modernidade, parece necessário pensar não só em processos mais confusos, difusos e plurais mas, especialmente, supor que o sujeito que viaja é, ele próprio, dividido, fragmentado e cambiante. É possível pensar que esse sujeito também se lança numa viagem, ao longo de sua vida, na qual o que importa é o andar, e não o chegar. Não há um lugar de chegar, não há destino pré-fixado, o que interessa é o movimento e as mudanças que se dão ao longo do trajeto. Como acontece com os personagens de Diegues, o motivo da viagem se altera no meio do caminho; uma vez alcançado, o objetivo deixa de ser importante e se converte em outro; os sujeitos podem até voltar ao ponto de partida, mas são, em alguma medida, "outros" sujeitos, tocados que foram pela viagem. Por certo também há, aqui, formação e transformação, mas num processo que, ao invés de cumulativo e linear, caracteriza-se por constantes desvios e retornos sobre si mesmo, um processo que provoca desarranjos e desajustes, de modo tal que só o movimento é capaz de garantir algum equilíbrio ao viajante.

★ ★ ★

O recurso literal e metafórico da viagem é usado por James Clifford (1997) para pensar as culturas como locais de moradia e de passagem, para refletir sobre viajantes e nativos, turistas ou migrantes compulsórios, para pensar sobre os sujeitos que podem (ou não) viajar, para pluralizar sentidos e significados das viagens, para falar sobre raízes e rotas, sobre as formas como os "dentros" e "foras" de uma comunidade são "mantidos, policiados, subvertidos, cruzados", para contar sobre zonas de fronteira. Suas reflexões permitem pensar para além das culturas ditas exóticas, das tribos ou dos grupos aos quais os etnógrafos costumam dedicar tanta atenção; elas permitem pensar muitos outros deslocamentos na contemporaneidade.

Uma viagem é definida, no dicionário, como um deslocamento entre lugares relativamente distantes e, em geral, se supõe que tal distância se refira ao espaço, eventualmente ao tempo. Mas talvez se possa pensar, também, numa distância cultural, naquela que se representa como diferença, naquele ou naquilo que é estranho, no "outro" distanciado e longínquo. A metáfora da viagem interessa-me para refletir não apenas sobre os percursos, as trajetórias e o trânsito entre lugares/culturas ou posições-de-sujeito, mas, também, para refletir sobre partidas e chegadas. Importa-me o movimento e também os encontros, as misturas, os desencontros.

Quem viaja realiza um aprendizado que, hoje,

> se dá não por acúmulo ou etapas (nascimento-infância-juventude-maturidade-velhice-morte) mas por epifanias e momentos, em que os tempos se mesclam incessantemente, desmistificando um aprendizado pela experiência cronológica, idealizadora da maturidade (LOPES, 2002, p. 177).

A viagem transforma o corpo, o caráter, a identidade, o modo de ser e de estar... Suas transformações vão além das alterações na superfície da pele, do envelhecimento, da aquisição de novas formas de ver o mundo, as pessoas e as coisas. As mudanças da viagem podem afetar corpos e identidades em dimensões aparentemente definidas e decididas desde o nascimento (ou até mesmo antes dele).

A declaração "É uma menina!" ou "É um menino!" também começa uma espécie de "viagem", ou melhor, instala um processo que, supostamente, deve seguir determinado rumo ou direção. A afirmativa, mais do que uma descrição, pode ser compreendida como uma definição ou decisão sobre um corpo. Judith Butler (1993) argumenta que essa asserção desencadeia todo um processo de "fazer" desse um corpo feminino ou masculino. Um processo que é baseado em características físicas que são vistas como diferenças e às quais se atribui significados culturais. Afirma-se e reitera-se uma sequência de muitos modos já consagrada, a sequência sexo-gênero-sexualidade. O ato de nomear o corpo acontece no interior da lógica que supõe o sexo como um "dado" anterior à cultura e lhe atribui um caráter imutável, a-histórico e binário. Tal lógica implica que esse "dado" sexo vai determinar o gênero e induzir a uma única forma de desejo. Supostamente, não há outra possibilidade senão seguir a ordem prevista. A afirmação "é um menino" ou "é uma menina" inaugura um processo de masculinização ou de feminização com o qual o sujeito se compromete. Para se qualificar como um sujeito legítimo, como um "corpo que importa", no dizer de Butler, o sujeito se verá obrigado a obedecer às normas que regulam sua cultura (BUTLER, 1999).

Apesar de tudo isso, a sequência é desobedecida e subvertida. Como não está garantida e resolvida de uma vez por todas, como não pode ser decidida e determinada num só golpe, a ordem precisará ser reiterada constantemente, com sutileza e com energia, de modo explícito ou dissimulado. Mesmo que existam regras, que se tracem planos e sejam criadas estratégias e técnicas, há aqueles e aquelas que rompem as regras e transgridem os arranjos. A imprevisibilidade é inerente ao percurso. Tal como numa viagem, pode ser instigante sair da rota fixada e experimentar as surpresas do incerto e do inesperado. Arriscar-se por caminhos não traçados. Viver perigosamente. Ainda que sejam tomadas todas as precauções, não há como impedir que alguns se atrevam a subverter as normas. Esses se tornarão, então, os alvos preferenciais das pedagogias corretivas e das ações de recuperação ou de punição. Para eles e para elas a sociedade reservará penalidades, sanções, reformas e exclusões.

★ ★ ★

Um trabalho pedagógico contínuo, repetitivo e interminável é posto em ação para inscrever nos corpos o gênero e a sexualidade "legítimos". Isso é próprio da viagem na direção planejada.

O processo parece, contudo, sempre incompleto, ele demanda reiteração, é afeito a instabilidades, é permeável aos encontros e aos acidentes. Efeitos das instituições, dos discursos e das práticas, o gênero e a sexualidade guardam a inconstância de tudo o que é histórico e cultural, por isso às vezes escapam e deslizam. Faz-se necessário, então, inventar práticas mais sutis para repetir o já sabido e reconduzir ao "bom" caminho os desviantes.

Por certo os próprios sujeitos estão empenhados na produção do gênero e da sexualidade em seus corpos. O processo, contudo, não é feito ao acaso ou ao sabor de sua vontade. Embora participantes ativos dessa construção, os sujeitos não a exercitam livres de constrangimentos. Uma matriz heterossexual delimita os padrões a serem seguidos e, ao mesmo tempo, paradoxalmente, fornece a pauta para as transgressões. É em referência a ela que se fazem não apenas os corpos que se conformam às regras de gênero e sexuais, mas também os corpos que as subvertem.

Eventualmente, em vez de serem repetidas, as normas são deslocadas, desestabilizadas, derivadas, proliferadas. Aventureiros ou desviantes, seduzidos ou empurrados por quaisquer razões, há aqueles e aquelas que se desviam das regras e da direção planejada . Deixam de se conformar ao "sistema de uma heterossexualidade compulsória e naturalizada" (Sara Salih, 2012, p. 71). Desencaminham-se, desgarram-se, inventam alternativas. Ficam à deriva – no entanto, torna-se impossível ignorá-los. Paradoxalmente, ao se afastarem, fazem-se ainda mais presentes. Não há como esquecê-los. Suas escolhas, suas formas e seus destinos passam a marcar a fronteira e o limite, indicam o espaço que não deve ser atravessado. Mais do que isso, ao ousarem se construir como sujeitos de gênero e de sexualidade precisamente nesses espaços, na resistência e na subversão das "normas regulatórias", eles e elas parecem expor, com maior clareza e evidência, como essas normas são feitas e mantidas.

Não indago por que tais sujeitos cruzam as fronteiras. Não pretendo descobrir suas intenções e propósitos, nem lhes atribuir o caráter de revelação ou de descoberta. É verdade que a metáfora da viagem parece supor um sujeito que detém o privilégio de perambular livremente, de ir e de vir. No entanto, não podemos esquecer que há aqueles que são empurrados para as viagens. Clifford (1997) nos faz refletir sobre quem é ou quem *pode ser* viajante; ele nos recorda aqueles que fazem travessias e deslocamentos compelidos por circunstâncias alheias ou motivos externos (criados, guias, migrantes, exilados...); ele nos lembra que as viagens são significadas distintamente por gênero, por classe, por raça. Também as viagens plenas de aventuras de que falam as novelas de formação sofrem dessas marcas. Elas são invariavelmente empreendidas por homens, não por mulheres. E homens brancos. Portanto, também aqui a metáfora da viagem precisa ser relativizada. Os sujeitos que cruzam as fronteiras de gênero e de sexualidade talvez não "escolham" livremente essa travessia, podem se ver movidos para tal por muitas razões, podem atribuir a esse deslocamento distintos significados. Podem, tal como quaisquer outros viajantes, ver sua travessia restringida, repudiada ou ampliada por suas marcas de classe, de raça ou por outras circunstâncias de sua existência. Sua viagem talvez possa se caracterizar como um ir e voltar livre e descompromissado ou pode se constituir num movimento forçado, numa espécie de exílio.

De um modo ou de outro, esses sujeitos escapam da via planejada. Extraviam-se. Põem-se à deriva. Podem encontrar uma nova posição, um outro lugar para se alojar ou se mover ainda outra vez. Atravessam fronteiras ou adiam o momento de cruzá-las. Muitos permanecem referidos à via mestra, mesmo que pretendam recusá-la e "partir pra outra"... Sua recusa nem sempre é crítica, contundente ou subversiva; por caminhos transversos, sua recusa pode acabar reforçando as mesmas regras e normas que pretendeu negar.

Há também os que se demoram na fronteira, aqueles e aquelas que se abandonam no espaço "entre" dois ou mais lugares, que se deixam ficar numa espécie de esquina ou encruzilhada. Algo parecido com o que acontece aos membros de grupos culturais permanentemente em trânsito, sobre os quais se pergunta "não tanto o 'de onde você é?', mas o 'entre onde você está'?" (CLIFFORD, 1997, p. 37). A fronteira é lugar de relação, região de encontro, cruzamento e confronto. Ela separa e, ao mesmo tempo, põe em contato culturas e grupos. Zona de policiamento é, também, zona de transgressão e subversão. O ilícito circula ao longo da fronteira. Ali os enfrentamentos costumam ser constantes, não apenas e tão somente através da luta ou do conflito cruento, mas, também, sob a forma da crítica, do contraste, da paródia. Quem subverte e desafia a fronteira apela, por vezes, para o exagero e para ironia a fim de tornar evidente a arbitrariedade das divisões, dos limites e das separações. Por isso a paródia que arremeda os "nativos" do "outro" lado, que embaralha seus códigos com os "deste lado", que mistura e confunde as regras, que combina e distorce as linguagens é tão perturbadora. Ela se compraz da ambiguidade, da confusão, da mixagem.

Para as fronteiras constantemente vigiadas dos gêneros e da sexualidade, a crítica paródica pode ser profundamente subversiva. Em sua "imitação" do feminino, uma *drag queen* pode ser revolucionária. Como uma personagem estranha e desordeira, uma personagem fora da ordem e da norma, ela provoca desconforto, curiosidade e fascínio. De que material, traços, restos e vestígios ela se faz? Como se faz? Como fabrica seu corpo? Onde busca as referências para seus gestos, seu modo de ser e de estar? A quem imita? Que princípios ou normas "cita" e repete? Onde os aprendeu? A *drag* escancara a construtividade dos gêneros. Perambulando por um território inabitável, confundindo e tumultuando, sua figura passa a indicar que a fronteira está muito perto e que pode ser visitada a qualquer momento. Ela assume a transitoriedade, ela se satisfaz com as justaposições inesperadas e com as misturas. A *drag* é mais de um. Mais de uma identidade, mais de um gênero, propositalmente ambígua em sua sexualidade e em seus afetos. Feita deliberadamente de excessos, ela encarna a proliferação e vive à deriva, como um viajante pós-moderno.

Talvez seja uma espécie de nômade e, se assim for, dela se poderia dizer que só tem "estadia provisória, via de passagem. Seu próprio território é construído constantemente pelo movimento" (Peixoto *apud* Lopes, 2002, p. 183).

O nômade é uma ficção política e uma "figuração", ele se distingue do migrante e do exilado (BRAIDOTTI, 2002). Para Rose Braidotti, o migrante tem um "itinerário" de deslocamento entre sua terra natal e um outro lugar que o recebe. Seu processo é o de recorrer a seus valores de origem, ao mesmo tempo em que tenta se adaptar aos do lugar de acolhida. O exilado, por sua vez, é obrigado a se separar, radicalmente, do lugar de origem e a ele não pode retornar. Mas ambos, migrante e exilado, lidam com lugares de algum modo fixos. "O nômade, por outro lado, se posiciona pela renúncia e desconstrução de qualquer senso de identidade fixa [...] o estilo nômade tem a ver com transições e passagens, sem destinos predeterminados ou terras natais perdidas" (BRAIDOTTI, 2002). "Os nômades estão sempre no meio", eles "não têm passado, nem futuro, têm apenas devires", "não têm história, apenas a geografia" (DELEUZE; PARNET, 1998, p. 41).

 É possível recorrer a essas representações para pensar, também, os sujeitos transgressivos de gênero e sexualidade. Esses sujeitos, frequentemente, recusam a fixidez e a definição das fronteiras e assumem a inconstância, a transição e a posição "entre" identidades como intensificadoras do desejo. Viajantes pós-modernos, muitas vezes, extraem mais prazer da mobilidade e da "passagem" do que propriamente da "chegada" a um outro lugar ou ao lugar do "outro". Sentem-se à vontade no movimento. A transição, o processo, o percurso podem se constituir, no fim das contas, em sua experiência mais vital ou mais "autêntica".

 A personagem Agrado, do filme *Tudo sobre minha mãe*, de Pedro Almodóvar, expressa fortemente essa posição.

É Sonia Maluf quem chama atenção para o momento em que Agrado descreve para uma plateia de teatro o processo de construção de seu corpo e a quantidade de silicone que carrega. Nesse momento, a travesti afirma que o que tem de mais autêntico é exatamente o silicone, ou seja, aquilo que diz, do modo mais material possível, da sua intervenção sobre seu próprio corpo. Argumenta Maluf:

> O desejo travesti é o de tornar-se outro, mas o que Agrado assinala em seu discurso é mais o processo de tornar-se do que o produto final da mudança. Ao apontar para o silicone (e não para o seio simplesmente), ela aponta para o processo, para o movimento inscrito nesse corpo (MALUF, 2002, p. 149).

Personagens que transgridem gênero e sexualidade podem ser emblemáticas da pós-modernidade. Mas elas não se colocam, aqui, como um novo ideal de sujeito. Não se pretende instaurar um novo projeto a ser perseguido, não há intenção de produzir uma nova referência. Nada seria mais anti-pós-moderno. A visibilidade e a materialidade desses sujeitos parecem significativas por evidenciarem, mais do que outros, o caráter inventado, cultural e instável de todas as identidades. São significativas, ainda, por sugerirem concreta e simbolicamente possibilidades de proliferação e multiplicação das formas de gênero e de sexualidade.

Na viagem que empreendem ao longo da vida, alguns sujeitos deixam-se tocar profundamente pelas possibilidades de toda ordem que o caminho oferece. Entregam-se aos momentos de "epifania". Saboreiam intensamente o inesperado, as sensações e as imagens, os encontros e os conflitos, talvez por adivinharem que a trajetória em que estão metidos não é linear, nem ascensional ou constantemente progressiva. Suas aventuras podem, no entanto, parecer especialmente arriscadas e assustadoras quando se inscrevem no terreno dos gêneros e da sexualidade – afinal essas são dimensões tidas como "essenciais", "seguras" e "universais" que, supostamente, não podem/não devem ser afetadas ou alteradas. Por isso o efeito e o impacto das experiências desses sujeitos é tão fortemente político – o que eles ousam ensaiar repercute não apenas em suas próprias vidas, mas nas vidas de seus contemporâneos. Esses sujeitos sugerem uma ampliação nas possibilidades de ser e de viver. Acolhem com menos receio fantasias, sensações e afetos, e insinuam que a diversidade pode ser produtiva. Indicam que o processo de se "fazer" como sujeito pode ser experimentado com intensidade e prazer. Fazem pensar para além dos limites conhecidos, para além dos limites pensáveis. Afetam, assim, não só seus próprios destinos, mas também certezas, cânones e convenções culturais. Como os personagens de Diegues, esses viajantes pós-modernos deslocam-se sem "porto de chegar", gozando e sofrendo as sensações da viagem.

Nas novelas de formação, o protagonista, a princípio, "necessita de um impulso que o coloque em movimento. E esse impulso vem geralmente de um viajante" (LARROSA, 2002, p. 59). Como viajantes da pós-modernidade, aqueles e aquelas que experimentam a proliferação dos gêneros e da sexualidade podem representar esse impulso para o movimento. O viajante interrompe a comodidade, abala a segurança, sugere o desconhecido, aponta para o estranho, o estrangeiro. Seus modos talvez sejam irreconhecíveis, transgressivos, distintos do padrão que se conhece. Seu lugar transitório nem sempre é confortável. Mas esse pode ser também, em alguma medida, um lugar privilegiado que lhe permite ver (e incita outros a ver), de modo inédito, arranjos, práticas e destinos sociais aparentemente universais, estáveis e indiscutíveis. Não se trata, pois, de tomar sua figura como exemplo ou modelo, mas de entendê-la como desestabilizadora de certezas e provocadora de novas percepções. "Mestre do negativo", como diz Larrosa, este viajante "não ensina nada, não convida a ser seguido, simplesmente dá a distância e o horizonte, o 'não' e o impulso para se caminhar" (LARROSA, 2002, p. 60).

# Uma política pós-identitária para a Educação

Nos dois últimos séculos, a sexualidade tornou-se objeto privilegiado do olhar de cientistas, religiosos, psiquiatras, antropólogos, educadores, passando a se constituir, efetivamente, numa "questão". Desde então, a partir das mais diversas perspectivas, ela vem sendo descrita, compreendida, explicada, regulada, saneada, educada, normatizada. Se, nos dias de hoje, ela continua alvo da vigilância e do controle, agora ampliaram-se e diversificaram-se suas formas de regulação, multiplicaram-se as instâncias e as instituições que se autorizam a ditar-lhe as normas, a definir-lhe os padrões de pureza, sanidade ou insanidade, a delimitar-lhe os saberes e as práticas pertinentes, adequados ou infames. Ao lado de instituições tradicionais, como o Estado, as igrejas ou a ciência, agora outras instâncias e outros grupos organizados reivindicam, sobre ela, suas verdades e sua ética. Foucault certamente diria que, contemporaneamente, proliferam cada vez mais os discursos sobre o sexo e que as sociedades continuam produzindo, avidamente, um "saber sobre o prazer" ao mesmo tempo em que experimentam o "prazer de saber" (FOUCAULT, 1993).

Hoje, as chamadas "minorias" sexuais estão muito mais visíveis e, consequentemente, torna-se mais explícita e acirrada a luta entre elas e os grupos conservadores. A denominação que lhes é atribuída parece, contudo, bastante imprópria. Como afirma em seu editorial a revista *La Gandhi Argentina* (1998), "as minorias nunca poderiam se traduzir como uma inferioridade numérica, mas sim como maiorias silenciosas que, ao se politizar, convertem o gueto em território e o estigma em orgulho – gay, étnico, de gênero". Sua visibilidade tem efeitos contraditórios: por um lado, alguns setores sociais passam a demonstrar uma crescente aceitação da pluralidade sexual e, até mesmo, passam a consumir alguns de seus produtos culturais; por outro lado, setores tradicionais renovam (e recrudescem) seus ataques, realizando desde campanhas de retomada dos valores tradicionais da família até manifestações de extrema agressão e violência física.

O embate por si só merece uma especial atenção de estudiosos/as culturais e educadores/as. Mas o que o torna ainda mais complexo é sua contínua transformação e instabilidade. O grande desafio não é apenas assumir que as posições de gênero e sexuais se multiplicaram e, então, que é impossível lidar com elas apoiadas em esquemas binários; mas também admitir que as fronteiras vêm sendo constantemente atravessadas e – o que é ainda mais complicado – que o lugar social no qual alguns sujeitos vivem é exatamente a fronteira.

Escola, currículos, educadoras e educadores não conseguem se situar fora dessa história. Mostram-se, quase sempre, perplexos, desafiados por questões para as quais pareciam ter, até pouco tempo atrás, respostas seguras e estáveis. Agora, as certezas escapam, os modelos mostram-se inúteis, as fórmulas são inoperantes. Mas é impossível estancar as questões. Não há como ignorar as "novas" práticas, os "novos" sujeitos, suas contestações ao estabelecido. A vocação normalizadora da Educação vê-se ameaçada. O anseio pelo cânone e pelas metas confiáveis é abalado. A tradição imediatista e prática leva a perguntar: que fazer? A aparente urgência das questões não permite que se antecipe qualquer resposta; antes é preciso conhecer as condições que possibilitaram a emergência desses sujeitos e dessas práticas.

### Construindo uma política de identidade

A homossexualidade e o sujeito homossexual são invenções do século XIX. Se antes as relações amorosas e sexuais entre pessoas do mesmo sexo eram consideradas como sodomia (uma atividade indesejável ou pecaminosa à qual qualquer um poderia sucumbir), tudo mudaria a partir da segunda metade daquele século: a prática passava a definir um tipo especial de sujeito que viria a ser assim marcado e reconhecido. Categorizado e nomeado como desvio da *norma*, seu destino só poderia ser o segredo ou a segregação – um lugar incômodo para permanecer. Ousando se expor a todas as formas de violência e rejeição social, alguns homens e mulheres contestam a sexualidade legitimada e se arriscam a viver fora de seus limites. A Ciência, a Justiça, as igrejas, os grupos conservadores e os grupos emergentes irão atribuir a esses sujeitos e a suas práticas distintos sentidos. A homossexualidade, discursivamente produzida, transforma-se em questão social relevante. A disputa centra-se fundamentalmente em seu significado moral. Enquanto alguns assinalam o caráter desviante, a anormalidade ou a inferioridade do homossexual, outros proclamam sua normalidade e naturalidade – mas todos parecem estar de acordo de que se trata de um "tipo" humano distintivo.

Esses são os discursos mais expressivos que circulam nas sociedades ocidentais, pelo menos até o início dos anos 1970. O movimento de organização dos grupos homossexuais é, ainda, tímido; suas associações e reuniões suportam, quase sempre, a clandestinidade. Aos poucos, especialmente em países como os Estados Unidos e a Inglaterra, um aparato cultural começa a surgir: revistas, artigos isolados em jornais, panfletos, teatro, arte. No Brasil, por essa época, a homossexualidade também começa a aparecer nas artes, na publicidade e no teatro. Alguns artistas[1] apostam na ambiguidade sexual, tornando-a sua *marca* e, dessa forma, perturbando, com suas performances, não apenas as plateias, mas toda a sociedade. A partir de 1975, emerge o Movimento de Libertação Homossexual no Brasil, do qual participam, entre outros, intelectuais exilados/as durante a ditadura militar e que traziam, de sua experiência no exterior, inquietações políticas feministas, sexuais, ecológicas e raciais que então circulavam internacionalmente.

Nos grandes centros, os termos do debate e da luta parecem se modificar. A homossexualidade deixa de ser vista (pelo menos por alguns setores) como uma condição uniforme e universal e passa ser compreendida como atravessada por dimensões de classe, etnicidade, raça, nacionalidade etc. A ação política empreendida por militantes e apoiadores torna-se mais visível e assume um caráter libertador. Suas críticas voltam-se contra a heterossexualização da sociedade. A agenda da luta também se pluraliza: para alguns o alvo é a integração social – a integração numa sociedade múltipla, talvez andrógina e polimorfa; para outros (especialmente para as feministas lésbicas) o caminho é a separação – a construção de uma comunidade e de uma cultura próprias. Intelectuais, espalhados em algumas instituições internacionais, mostram sua afinidade com o movimento, publicam ensaios em jornais e revistas e revelam sua estreita ligação com os grupos militantes.

Pouco a pouco constrói-se a ideia de uma comunidade homossexual. Ao final dos anos 1970, a política gay e lésbica abandonava o modelo que pretendia a libertação através da transformação do sistema e se encaminhava para um modelo que poderia ser chamado de "étnico" (SPARGO, 2017, p. 26). Gays e lésbicas eram representados como "um grupo minoritário singular, igual, mas diferente"; um grupo que buscava alcançar igualdade de direitos no interior da ordem social existente. Afirmava-se, discursiva e praticamente, uma identidade homossexual.

A afirmação da identidade supunha demarcar suas fronteiras e implicava uma disputa quanto às formas de representá-la. Imagens homofóbicas e personagens estereotipados exibidos na mídia e nos filmes são contrapostos por representações "positivas" de homossexuais. Reconhecer-se nessa identidade é questão pessoal e política. O dilema entre "assumir-se" ou "permanecer enrustido" (no armário – *closet*) passa a ser considerado um divisor fundamental e um elemento indispensável para a comunidade. Na construção da identidade, a comunidade funciona como o lugar da acolhida e do suporte – uma espécie de lar. Portanto, haveria apenas uma resposta aceitável para o dilema (repetindo uma frase de Spargo, *to come home, of course, you first had to "come out"*) (1999, p. 30): para fazer parte da comunidade homossexual, seria indispensável, antes de tudo, que o indivíduo se "assumisse", isto é, revelasse seu "segredo", tornando pública sua condição.

Também no Brasil, ao final dos anos 1970, o movimento homossexual ganha mais força: surgem jornais ligados aos grupos organizados, promovem-se reuniões de discussão e de ativismo, as quais, segundo conta João Silvério Trevisan (2000, p. 339), se faziam ao "estilo do *gay conscious raising group* americano", buscando "tomar consciência de seu próprio corpo/sexualidade" e construir "uma identidade enquanto grupo social".

Em conexão com o movimento político (não apenas como seu efeito mas também como sua parte integrante), cresce, internacionalmente, o número de trabalhadores/as culturais e intelectuais que se assumem na mídia, na imprensa, nas artes e nas universidades. Entre esses, alguns passam a "fazer da homossexualidade um tópico de suas pesquisas e teorizações" (SEIDMAN, 1995, p. 121). Sem romper com a política de identidade, colocam em discussão sua concepção como um fenômeno fixo, trans-histórico e universal e voltam suas análises para as condições históricas e sociais do seu surgimento na sociedade ocidental. No Brasil (de forma mais visível a partir de 1980), a temática também passa a se constituir como questão acadêmica, na medida em que, em algumas universidades e grupos de pesquisa, vem a ser discutida, especialmente com apoio nas teorizações de Michel Foucault.

O discurso político e teórico que produz a representação "positiva" da homossexualidade também exerce, é claro, um efeito regulador e disciplinador. Ao afirmar uma dada posição-de-sujeito, supõe, necessariamente, o estabelecimento de seus contornos, seus limites, suas possibilidades e restrições. Nesse discurso, é a escolha do objeto amoroso que define a identidade sexual e, sendo assim, a identidade gay ou lésbica assenta-se na preferência em manter relações sexuais com alguém do mesmo sexo. Contudo, essa definição de identidade sexual, aparentemente indiscutível, poderia ser posta em questão:

> [...] como mostra Foucault em *História da sexualidade*, essa escolha do objeto nem sempre foi a base de uma identidade; além disso, como sugeriram muitas vozes dissonantes, ela não era o fator determinante e crucial da percepção de cada um sobre a própria sexualidade. Com efeito, esse modelo fez com que a identidade bissexual fosse enxergada como menos segura ou desenvolvida (assim como modelos essencialistas de gênero fazem de transexuais sujeitos incompletos), e excluiu grupos que definiam sua

sexualidade por meio de práticas e prazeres em vez de preferências de gênero, como os sadomasoquistas (Spargo, 2017, p. 29).

Com esses contornos, a política de identidade praticada durante os anos 1970 assumia um caráter unificador e assimilacionista, buscando a aceitação e a integração dos homossexuais no sistema social. A maior visibilidade de gays e lésbicas sugeria que o movimento já não perturbava o *status quo* como antes. No entanto, tensões e críticas internas já se faziam sentir. Para muitos (especialmente para os grupos negros, latinos e jovens), as campanhas políticas estavam marcadas pelos valores brancos e de classe média, e adotavam, sem questionar, ideais convencionais, como o relacionamento comprometido e monogâmico; para algumas lésbicas, o movimento repetia o privilegiamento masculino evidente na sociedade mais ampla, o que fazia com que suas reivindicações e experiências continuassem secundárias em face das dos homens gays; para bissexuais, sadomasoquistas e transexuais essa política de identidade era excludente e mantinha sua condição marginalizada. Mais do que diferentes prioridades políticas defendidas pelos vários "sub-grupos", o que estava sendo posto em xeque, nesses debates, era a concepção da identidade homossexual unificada que vinha se constituindo na base de tal política de identidade. A comunidade apresentava importantes fraturas internas e seria cada vez mais difícil silenciar as vozes discordantes.

No início dos anos 1980, o surgimento da Aids agregaria novos elementos a este quadro. Apresentada, inicialmente, como o "câncer gay", a doença teve o efeito imediato de renovar a homofobia latente da sociedade, intensificando a discriminação já demonstrada por certos setores sociais. A intolerância, o desprezo e a exclusão – aparentemente abrandados pela ação da militância homossexual – mostravam-se mais uma vez intensos e exacerbados. Simultaneamente, a doença também teve um impacto que alguns denominaram de "positivo", na medida em que provocou o surgimento de redes de solidariedade. O resultado são alianças não necessariamente baseadas na identidade, mas sim num sentimento de afinidade que une tanto os sujeitos atingidos (muitos, certamente, não-homossexuais) quanto seus familiares, amigos, amigas, trabalhadores e trabalhadoras da área da saúde, etc. As redes escapam, portanto, dos contornos da comunidade homossexual tal como era definida até então. O combate à doença também acarreta um deslocamento nos discursos a respeito da sexualidade – agora os discursos se dirigem menos às identidades e se concentram mais nas práticas sexuais (ao enfatizar, por exemplo, a prática do sexo seguro).

Especificamente em relação à sociedade brasileira, ampliou-se, em razão da Aids, a discussão a respeito da homossexualidade (TREVISAN, 2000). Diante da expansão da doença e de sua associação com a homossexualidade, "a metáfora – tantas vezes empregada nas entrelinhas – de que a homossexualidade pega quase deixou de ser metáfora" (p. 462). A homofobia mostrava-se com toda sua crueza. A partir desse momento, segundo Trevisan, além de tornar mais evidente o desejo homossexual, ocorreu uma espécie de "efeito colateral da epidemia sexualizada": a deflagração de uma *epidemia* de informação".[2] Para ele,

> [...] o vírus da Aids realizou em alguns anos uma proeza que nem o mais bem-intencionado movimento pelos direitos homossexuais teria conseguido, em muitas décadas: deixar evidente à sociedade que homossexual existe e não é o *outro*, no sentido de um continente à parte, mas está muito próximo de qualquer cidadão comum, talvez ao meu lado e – isto é importante! – dentro de cada um de nós, pelo menos enquanto virtualidade (p. 462).

Já se haviam ampliado, então, consideravelmente, os grupos ativistas no Brasil, não apenas de gays mas também de lésbicas. Pelas características políticas que o país vivia, o movimento homossexual brasileiro via-se dividido entre a possibilidade de se integrar aos partidos políticos ou de continuar sua luta de forma independente – e isso se constituía em mais uma de suas tensões internas.

Em termos globais, multiplicam-se os movimentos e os seus propósitos: alguns grupos homossexuais permanecem lutando por reconhecimento e por legitimação, buscando sua inclusão, em termos igualitários, ao conjunto da sociedade; outros estão preocupados em desafiar as fronteiras tradicionais de gênero e sexuais, pondo em xeque as dicotomias masculino/feminino, homem/mulher, heterossexual/homossexual; e ainda outros não se contentam em atravessar as divisões, mas decidem viver a ambiguidade da própria fronteira. A nova dinâmica dos movimentos sexuais e de gênero provoca mudanças nas teorias e, ao mesmo tempo, é alimentada por elas.

A agenda teórica moveu-se da análise das desigualdades e das relações de poder entre categorias sociais relativamente dadas ou fixas (homens e mulheres, gays e heterossexuais) para o questionamento das próprias categorias – sua fixidez, sua separação ou seus limites – e para ver o jogo do poder ao redor delas como menos binário e menos unidirecional (EPSTEIN; JOHNSON, 1998, p. 37-38).

A política de identidade homossexual estava em crise e revelava suas fraturas e insuficiências. Gradativamente, surgiriam, pois, proposições e formulações teóricas pós-identitárias. É precisamente dentro desse quadro que a afirmação de uma política e de uma teoria queer precisa ser compreendida.

## Uma teoria e uma política pós-identitária

Queer pode ser traduzido por estranho, talvez ridículo, excêntrico, raro, extraordinário. Mas a expressão também se constitui na forma pejorativa com que são designados homens e mulheres homossexuais. Um insulto que tem, para usar o argumento de Judith Butler (1999), a força de uma invocação sempre repetida, um insulto que ecoa e reitera os gritos de muitos grupos homófobos, ao longo do tempo, e que, por isso, adquire força, conferindo um lugar discriminado e abjeto àqueles a quem é dirigido. Esse termo, com toda sua carga de estranheza e de deboche, é assumido por uma vertente dos movimentos homossexuais precisamente para caracterizar sua perspectiva de oposição e de contestação. Para esse grupo, queer significa colocar-se contra a normalização – venha ela de onde vier. Seu alvo mais imediato de oposição é, certamente, a heteronormatividade compulsória da sociedade; mas não escaparia de sua crítica a normalização e a estabilidade propostas pela política de identidade do movimento homossexual dominante. Queer representa claramente a diferença que não quer ser assimilada ou tolerada e, portanto, sua forma de ação é muito mais transgressiva e perturbadora.[3]

A política queer está estreitamente articulada à produção de um grupo de intelectuais que, ao redor dos anos 1990, passa a utilizar esse termo para descrever seu trabalho e sua perspectiva teórica. Ainda que esse seja um grupo internamente bastante diversificado, capaz de expressar divergências e de manter debates acalorados, há entre seus integrantes algumas aproximações significativas. Diz Seidman:

> Os/as teóricos/as queer constituem um agrupamento diverso que mostra importantes desacordos e divergências. Não obstante, eles compartilham alguns compromissos amplos – em particular, apoiam-se fortemente na teoria pós-estruturalista francesa e na desconstrução como um método de crítica literária e social; põem em ação, de forma decisiva, categorias e perspectivas psicanalíticas; são favoráveis a uma estratégia descentradora ou desconstrutiva que escapa das proposições sociais e políticas programáticas positivas; imaginam o social como um texto a ser interpretado e criticado com o propósito de contestar os conhecimentos e as hierarquias sociais dominantes (SEIDMAN, 1995, p. 125).

As condições que possibilitam a emergência do movimento queer ultrapassam, pois, questões pontuais da política e da teorização gay e lésbica e precisam ser compreendidas dentro do quadro mais amplo do pós-estruturalismo. Efetivamente, a teoria queer pode ser vinculada às vertentes do pensamento ocidental contemporâneo que, ao longo do século XX, problematizaram noções clássicas de sujeito, de identidade, de agência, de identificação.

Já no início do século, o sujeito racional, coerente e unificado é abalado por Freud com suas formulações sobre o inconsciente e a vida psíquica. A existência de desejos e ideias ignorados pelo próprio indivíduo e sobre os quais ele não tem controle é devastadora para o pensamento racional vigente: ao ignorar seus desejos mais profundos, ao se mostrar incapaz de controlar suas lembranças, o sujeito se "desconhece" e, portanto, deixa de ser "senhor de si". Mais tarde, Lacan perturba qualquer certeza sobre o processo de identificação e de agência ao afirmar que o sujeito nasce e cresce sob o olhar do outro, que ele só pode saber de si através do outro, ou melhor, que ele sempre se percebe e se constitui nos termos do outro. Longe de ser estável e coeso, esse é um sujeito dividido, que vive, constantemente, a inútil busca da completude. As possibilidades de autodeterminação e de agência também são postas em xeque pela teorização de Althusser quando demonstra como os sujeitos são interpelados e capturados pela ideologia. Ao se entregar à ideologia, o sujeito realiza, de forma aparentemente livre, seu próprio processo de sujeição.

Ao lado dessas teorizações que problematizaram de forma radical a racionalidade moderna, destaca-se o entendimento de Michel Foucault sobre a sexualidade, diretamente relevante para a formulação da teoria queer. Vivemos, já há mais de um século, numa sociedade que "fala prolixamente de seu próprio silêncio, obstina-se em detalhar o que não diz, denuncia os poderes que exerce e promete liberar-se das leis que a fazem funcionar" (FOUCAULT, 1993, p. 14). Ele desconfia desse alegado silêncio e, contrariando tal hipótese, afirma que o sexo foi, na verdade, "colocado em discurso": temos vivido mergulhados em múltiplos discursos sobre a sexualidade, pronunciados pela igreja, pela psiquiatria, pela sexologia, pelo direito... Foucault empenha-se em descrever esses discursos e seus efeitos, analisando não apenas como, através deles, se produziram e se multiplicaram as classificações sobre as "espécies" ou "tipos" de sexualidade, mas também como se ampliaram os modos de controlá-la. Tal processo tornou possível, segundo ele, a formação de um "discurso reverso", isto é, um discurso produzido a partir do lugar que tinha sido apontado como a sede da perversidade, como o lugar do desvio e da patologia: a homossexualidade. Mas Foucault ultrapassa amplamente o esquema binário de oposição entre dois tipos de discursos, acentuando que vivemos uma proliferação e uma dispersão de discursos, bem como uma dispersão de sexualidades. Diz ele:

> assistimos a uma explosão visível das sexualidades heréticas, mas sobretudo – e é esse o ponto importante – a um dispositivo bem diferente da lei: mesmo que se apoie localmente em procedimentos de interdição, ele assegura, através de uma rede de mecanismos

entrecruzados, a proliferação de prazeres específicos e a multiplicação de sexualidades disparatadas (FOUCAULT, 1993, p. 48).

A construção discursiva das sexualidades, exposta por Foucault, vai se mostrar fundamental para a teoria queer. Da mesma forma, a operação de desconstrução, proposta por Jacques Derrida, parecerá, para muitos teóricos e teóricas, o procedimento metodológico mais produtivo. Conforme Derrida, a lógica ocidental opera, tradicionalmente, através de binarismos: esse é um pensamento que elege e fixa uma ideia, uma entidade ou um sujeito como fundante ou como central, determinando, a partir desse lugar, a posição do "outro", o seu oposto subordinado. O termo inicial é compreendido sempre como superior, enquanto que o outro é o seu derivado, inferior. Derrida afirma que essa lógica poderia ser abalada através de um processo desconstrutivo que estrategicamente revertesse, desestabilizasse e desordenasse esses pares. Desconstruir um discurso implicaria minar, escavar, perturbar e subverter os termos que afirma e sobre os quais o próprio discurso se afirma. Desconstruir não significa destruir, como lembra Barbara Johnson (1981), mas "está muito mais perto do significado original da palavra análise, que, etimologicamente, significa desfazer". Portanto, ao se eleger a desconstrução como procedimento metodológico, está se indicando um modo de questionar ou de analisar e está se apostando que esse modo de análise pode ser útil para desestabilizar binarismos linguísticos e conceituais (ainda que se trate de binarismos tão seguros como homem/mulher, masculinidade/feminilidade). A desconstrução das oposições binárias tornaria manifesta a interdependência e a fragmentação de cada um dos polos. Trabalhando para mostrar que cada polo contém o outro, de forma desviada ou negada, a desconstrução indica que cada polo carrega vestígios do outro e depende desse outro para adquirir sentido. A operação sugere também o quanto cada polo é, em si mesmo, fragmentado e plural. Para os teóricos e as teóricas queer, a oposição heterossexualidade/homossexualidade – onipresente na cultura ocidental moderna – poderia ser efetivamente criticada e abalada por meio de procedimentos desconstrutivos.

Na medida em que o queer sinaliza para o estranho, para a contestação, para o que está fora-do-centro, seria incoerente supor que a teoria se reduzisse a uma "aplicação" ou a uma extensão de ideias fundadoras. Os teóricos e as teóricas queer fazem um uso próprio e transgressivo das proposições das quais se valem, geralmente para desarranjar e subverter noções e expectativas. É o caso de Judith Butler, uma das mais destacadas teóricas queer. Ao mesmo tempo em que reafirma o caráter discursivo da sexualidade, ela produz novas concepções a respeito de sexo, sexualidade, gênero. Butler afirma que as sociedades constroem normas que regulam e materializam o sexo dos sujeitos e que essas "normas regulatórias" precisam ser constantemente repetidas e reiteradas para que tal materialização se concretize. Contudo, ela acentua que "os corpos não se conformam, nunca, completamente, às normas pelas quais sua materialização é imposta" (BUTLER, 1999, p. 54);

daí que essas normas precisam ser constantemente citadas, reconhecidas em sua autoridade, para que possam exercer seus efeitos. As normas regulatórias do sexo têm, portanto, um caráter performativo, isto é, têm um poder continuado e repetido de produzir aquilo que nomeiam e, sendo assim, elas repetem e reiteram, constantemente, as normas dos gêneros na ótica heterossexual.

Judith Butler toma emprestado da linguística o conceito de performatividade, para afirmar que a linguagem que se refere aos corpos ou ao sexo não faz apenas uma constatação ou uma descrição desses corpos, mas, no instante mesmo da nomeação, constrói, "faz" aquilo que nomeia, isto é, produz os corpos e os sujeitos. Esse é um processo constrangido e limitado desde seu início, pois o sujeito não decide sobre o sexo que irá ou não assumir; na verdade, as normas regulatórias de uma sociedade abrem possibilidades que ele assume, apropria e materializa. Ainda que essas normas reiterem sempre, de forma compulsória, a heterossexualidade, paradoxalmente, elas também dão espaço para a produção dos corpos que a elas não se ajustam. Esses serão constituídos como sujeitos "abjetos" – aqueles que escapam da norma. Mas, precisamente por isso, esses sujeitos são socialmente indispensáveis, já que fornecem o limite e a fronteira, isto é, fornecem "o exterior" para os corpos que "materializam a norma", os corpos que efetivamente "importam" (BUTLER, 1999).

Butler, como outros teóricos queer, volta sua crítica e sua argumentação para a oposição binária heterossexual/homossexual. Esses teóricos e teóricas afirmam que a oposição preside não apenas os discursos homofóbicos, mas continua presente, também, nos discursos favoráveis à homossexualidade. Seja para defender a integração de homossexuais ou para reivindicar uma espécie ou uma comunidade em separado; seja para considerar a sexualidade como originariamente "natural" ou para considerá-la como socialmente construída, esses discursos não escapam da referência à heterossexualidade como norma. Conforme Seidman (1995, p. 126), "permanece intocado o binarismo heterossexual/homossexual como a referência *mestra* para a construção do eu, do conhecimento sexual e das instituições sociais". E esse posicionamento pode ser insuficiente, uma vez que não abala, de fato, o regime vigente.

Segundo teóricos e teóricas queer é necessário empreender uma mudança epistemológica mais radical, que efetivamente rompa com a lógica binária e com seus efeitos, a hierarquia, a classificação, a dominação e a exclusão. Uma abordagem desconstrutiva permitiria compreender a heterossexualidade e a homossexualidade como interdependentes, como mutuamente necessárias e como integrantes de um mesmo quadro de referências. A afirmação da identidade implica sempre a demarcação e a negação do seu oposto, que é constituído como sua diferença. Esse "outro" permanece, contudo, indispensável. A identidade negada é constitutiva do sujeito, fornece-lhe o limite e a coerência e, ao mesmo tempo, assombra-o com a instabilidade. Numa ótica desconstrutiva, seria demonstrada a mútua implicação/constituição dos opostos e se passaria a questionar os processos pelos quais uma forma de sexualidade (a heterossexualidade) acabou por se tornar a norma, ou, mais do que isso, passou a ser concebida como "natural".

Ao alertar para o fato de que uma política de identidade pode se tornar cúmplice do sistema contra o qual ela pretende se insurgir, os teóricos e as teóricas queer sugerem uma teoria e uma política pós-identitárias. O alvo dessa política e dessa teoria não seriam propriamente as vidas ou os destinos de homens e mulheres homossexuais, mas sim a crítica à oposição heterossexual/homossexual, compreendida como a categoria central que organiza as práticas sociais, o conhecimento e as relações entre os sujeitos. Trata-se, portanto, de uma mudança no foco e nas estratégias de análise; trata-se de uma outra perspectiva epistemológica que está voltada, como diz Seidman, para a cultura, para as "estruturas linguísticas ou discursivas" e para seus "contextos institucionais":

> A teoria queer constitui-se menos numa questão de explicar a repressão ou a expressão de uma minoria homossexual do que numa análise da figura hetero/homossexual como um regime de poder/saber que molda a ordenação dos desejos, dos comportamentos e das instituições sociais, das relações sociais – numa palavra, a constituição do *self* e da sociedade (SEIDMAN, 1995, p. 128).

## Uma pedagogia queer?

Como um movimento que se remete ao estranho e ao excêntrico pode se articular com a Educação, tradicionalmente o espaço da normalização e do ajustamento? Como uma teoria não-propositiva pode "falar" a um campo que vive de projetos e de programas, de intenções, objetivos e planos de ação? Qual o espaço, nesse campo usualmente voltado ao disciplinamento e à regra, para a transgressão e para a contestação? Como romper com binarismos e pensar a sexualidade, os gêneros e os corpos de forma plural, múltipla e cambiante? Como traduzir a teoria queer para a prática pedagógica?

Para ensaiar respostas a tais questões é preciso ter em mente não apenas o alvo mais imediato e direto da teoria queer — o regime de poder-saber que, assentado na oposição heterossexualidade/homossexualidade, dá sentido às sociedades contemporâneas — mas também considerar as estratégias, os procedimentos e as atitudes nela implicados. A teoria queer permite pensar a ambiguidade, a multiplicidade e a fluidez das identidades sexuais e de gênero, mas, além disso, também sugere novas formas de pensar a cultura, o conhecimento, o poder e a educação.

A teoria queer, tal como o feminismo, argumenta Tomaz Tadeu da Silva,

> efetua uma verdadeira reviravolta epistemológica. A teoria queer quer nos fazer pensar queer (homossexual, mas também "diferente") e não *straight* (heterossexual, mas também "quadrado"): ela nos obriga a considerar o impensável, o que é proibido pensar, em vez de simplesmente considerar o pensável, o que é permitido pensar. [...] O queer se torna, assim, uma atitude epistemológica que não se restringe à identidade e ao conhecimento sexuais, mas que se estende para o conhecimento e a identidade de modo geral. Pensar queer significa questionar, problematizar, contestar todas as formas bem-comportadas de

conhecimento e de identidade. A epistemologia queer é, neste sentido, perversa, subversiva, impertinente, irreverente, profana, desrespeitosa (2000, p. 107).

Uma pedagogia e um currículo queer se distinguiriam de programas multiculturais bem-intencionados, onde as diferenças (de gênero, sexuais ou étnicas) são toleradas ou são apreciadas como curiosidades exóticas. Uma pedagogia e um currículo queer estariam voltados para o processo de produção das diferenças e trabalhariam, centralmente, com a instabilidade e a precariedade de todas as identidades. Ao colocar em discussão as formas como o "outro" é constituído, levariam a questionar as estreitas relações do eu com o outro. A diferença deixaria de estar lá fora, do outro lado, alheia ao sujeito, e seria compreendida como indispensável para a existência do próprio sujeito: ela estaria *dentro*, integrando e constituindo o eu. A diferença deixaria de estar ausente para estar presente: fazendo sentido, assombrando e desestabilizando o sujeito. Ao se dirigir para os processos que produzem as diferenças, o currículo passaria a exigir que se prestasse atenção ao jogo político aí implicado: em vez de meramente contemplar uma sociedade plural, seria imprescindível dar-se conta das disputas, das negociações e dos conflitos constitutivos das posições que os sujeitos ocupam.

Dentro desse quadro, a polarização heterossexual/homossexual seria questionada. Ao se analisar a mútua dependência dos polos, seria colocada em xeque a naturalização e a superioridade da heterossexualidade. O combate à homofobia – uma meta ainda importante – precisaria avançar. Para uma pedagogia e um currículo queer não seria suficiente denunciar a negação e o submetimento de homossexuais, e sim desconstruir o processo pelo qual alguns sujeitos se tornam normalizados e outros marginalizados, tornando evidente a heteronormatividade, demonstrando o quanto é necessária a constante reiteração das normas sociais regulatórias a fim de garantir a identidade sexual legitimada. Analisar as estratégias – públicas e privadas, dramáticas ou discretas – que são mobilizadas, coletiva e individualmente, para vencer o medo e a atração das identidades desviantes e para recuperar a suposta estabilidade no interior da identidade-padrão.

Ainda seria importante problematizar as estratégias normalizadoras que, no quadro de outras identidades sexuais (e também no contexto de outros grupos identitários, como os de raça, nacionalidade ou classe),[4] pretendem ditar e restringir as formas de viver e de ser. Pôr em questão as classificações e os enquadramentos. Apreciar a transgressão e o atravessamento das fronteiras (de toda ordem), explorar a ambiguidade e a fluidez. Reinventar e reconstruir, como prática pedagógica, estratégias e procedimentos acionados pelos ativistas queer, como, por exemplo, a estratégia de "mostrar o queer naquilo que é pensado como normal e o normal no queer" (TIERNEY; DILLEY, 1998, p. 60).

Mais além, transferir a outras polaridades esse mecanismo desconstrutivo, perturbando até mesmo o mais caro binarismo do campo educacional, aquele que opõe o conhecimento à ignorância. Seguindo o pensamento de Eve Sedgwick, demonstrar, como sugerem teóricas queer, que a ignorância não é "neutra", nem é um "estado original", mas, em vez disso, que ela "é um efeito – não uma ausência – de conhecimento" (BRITZMAN, 1996, p. 91). Admitir que a ignorância pode ser compreendida como sendo produzida por um tipo particular de conhecimento ou produzida por um modo de conhecer. Assim, a ignorância da homossexualidade poderia ser lida como sendo constitutiva de um modo particular de conhecer a sexualidade. O velho binarismo da ignorância e do conhecimento, afirma Deborah Britzman,

> não pode lidar com o fato de que *qualquer conhecimento já contém suas próprias ignorâncias*. Se, por exemplo, os/as jovens e os/as educadores/as são ignorantes sobre a homossexualidade, é quase certo que eles/elas também sabem pouco sobre a heterossexualidade. O que, pois, é exigido do conhecedor para que compreenda *a ignorância* não como um acidente do destino, mas *como um resíduo do conhecimento*? Em outras palavras, que ocorrerá se lermos a ignorância sobre a homossexualidade não apenas como efeito de não se conhecer os homossexuais ou como um outro caso de homofobia, mas como ignorância sobre a forma como a sexualidade é moldada? (1996, p. 91, destaques meus).

A "reviravolta epistemológica" provocada pela teoria queer transborda, pois, o terreno da sexualidade. Ela provoca e perturba as formas convencionais de pensar e de conhecer. A sexualidade, polimorfa e perversa, é ligada à curiosidade e ao conhecimento. O erotismo pode ser traduzido no prazer e na energia dirigidos a múltiplas dimensões da existência. Uma pedagogia e um currículo conectados à teoria queer teriam de ser, portanto, tal como ela, subversivos e provocadores. Teriam de fazer mais do que incluir temas ou conteúdos queer; ou mais do que se preocupar em construir um ensino para sujeitos queer. "Uma pedagogia queer desloca e descentra; um currículo queer é não-canônico" (Pinar, 1998, p. 3). As classificações são improváveis. Tal pedagogia não pode ser reconhecida como uma pedagogia do oprimido, como libertadora ou libertária. Ela escapa de enquadramentos. Evita operar com os dualismos que acabam por manter a lógica da subordinação. Contrapõe-se, seguramente, à segregação e ao segredo experimentados pelos sujeitos "diferentes", mas não propõe atividades para seu fortalecimento nem prescreve ações corretivas para aqueles que os hostilizam. Antes de pretender ter a resposta apaziguadora ou a solução que encerra os conflitos, quer discutir (e desmantelar) a lógica que construiu esse regime, a lógica que justifica a dissimulação, que mantém e fixa as posições de legitimidade e ilegitimidade. "Em vez de colocar o conhecimento (certo) como resposta ou solução, a teoria e a pedagogia queer [...] colocam o conhecimento como uma questão interminável" (Luhmann, 2000, p. 151).

Vistos sob essa perspectiva, uma pedagogia e um currículo queer "falam" a todos e não se dirigem apenas àqueles ou àquelas que se reconhecem nessa posição-de-sujeito, isto é, como sujeitos queer. Uma tal pedagogia sugere o questionamento, a desnaturalização e a incerteza como estratégias férteis e criativas para pensar qualquer dimensão da existência. A dúvida deixa de ser desconfortável e nociva para se tornar estimulante e produtiva. As questões insolúveis não cessam as discussões, mas, em vez disso, sugerem a busca de outras perspectivas, incitam a formulação de outras perguntas, provocam o posicionamento a partir de outro lugar. Certamente, essas estratégias também acabam por contribuir na produção de determinado "tipo" de sujeito. Mas, nesse caso, longe de pretender atingir, finalmente, um modelo ideal, esse sujeito – e essa pedagogia – assumem seu caráter intencionalmente inconcluso e incompleto.

Efetivamente, os contornos de uma pedagogia ou de um currículo queer não são os usuais: faltam-lhes as proposições e os objetivos definidos, as indicações precisas do modo de agir, as sugestões sobre as formas adequadas para "conduzir" os/as estudantes, a determinação do que "transmitir". A teoria que lhes serve de referência é desconcertante e provocativa. Tal como os sujeitos de que fala, a teoria queer é, ao mesmo tempo, perturbadora, estranha e fascinante. Por tudo isso, ela parece arriscada. E talvez seja mesmo... mas, seguramente, ela também faz pensar.

## Notas

Este artigo foi publicado, originalmente, na *Revista de Estudos Feministas*, vol. 9, n. 2, 2001 e, numa versão modificada, em *Cuadernos de Pedagogia de Rosário*, ano IV, n. 9, 2001.

1. Nos anos 1970, o cantor Ney Matogrosso e o grupo Dzi Croquetes embaralham propositalmente as referências femininas e masculinas em suas performances e, segundo João Silvério Trevisan, acabam por desempenhar um papel importante e provocador no debate sobre política sexual no Brasil. Os Dzi Croquetes "trouxeram para o Brasil o que de mais contemporâneo e questionador

havia no movimento homossexual internacional, sobretudo americano", afirma Trevisan (2000, p. 288).

2. De fato, a partir da segunda metade dos anos 1980, no Brasil, passou-se a discutir muito mais a sexualidade (e a homossexualidade) em várias instâncias sociais, inclusive nas escolas. A preocupação em engajar-se no combate à doença fez com que organismos oficiais, tais como o Ministério de Educação e Cultura, passassem a estimular projetos de educação sexual e, em 1996, o MEC incluiu a temática, *como tema transversal*, nos seus Parâmetros Curriculares Nacionais (os PCNs, a nova diretriz para educação do País). Vale notar, contudo, que as condições que possibilitaram a ampliação da discussão sobre a sexualidade também tiveram o efeito de aproximá-la das ideias de risco e de ameaça, colocando em segundo plano sua associação ao prazer e à vida.

3. Algumas vezes queer é utilizado como um termo síntese para se referir, de forma conjunta, a todos sujeitos não-heterossexuais. Esse uso é, no entanto, pouco sugestivo das implicações políticas envolvidas na eleição do termo, feita por parte do movimento homossexual, exatamente para marcar (e distinguir) sua posição não-assimilacionista e não-normativa. Deve ser registrado, ainda, que a preferência por queer também representava, pelo menos na ótica de alguns, uma rejeição ao caráter médico que estaria implícito na expressão "homossexual".

4. Eve Sedgwick afirma que o "queer tem se estendido ao longo de dimensões que não podem ser subsumidas, inteiramente, ao gênero e à sexualidade: por exemplo, aos modos pelos quais raça, etnicidade, nacionalidade pós-colonial entrecruzam-se com esses *e com outros* discursos de constituição-de-identidade, de fratura-de-identidade" (SEDGWICK *apud* JAGOSE, 1996, p. 99).

# "Estranhar" o currículo

Certo dia me perguntaram como eu podia explicar minha trajetória acadêmica, ou melhor, como podia explicar ter-me desviado da História, meu campo de origem, para trabalhar com temáticas tão "mundanas". Respondi que isso tinha a ver com minha história como intelectual e como mulher, tinha a ver com perguntas que estudantes me faziam e, talvez principalmente, tinha a ver com questões que me pareciam relevantes responder. Muito tempo depois, encontrei num livro um comentário que pareceu se ajustar a tudo isso. Dizia a autora que para que se possa reconhecer qual questão vale a pena colocar em primeiro plano para reflexão e para intervenção é necessário estar atenta ao "intolerável". E o que seria intolerável? Não seria aquilo que muita gente acha que é, dizia ela, pois "uma das condições do intolerável é que, para a maioria, não é intolerável, mas normal" (LARRAURI, 2000, p. 14).

Talvez essa seja uma pista para justificar as escolhas que fiz. Quando comecei a falar para educadoras e educadores sobre gênero, sempre estive atenta a seus comentários, a suas críticas e questões. Quando acentuava que feminilidades e masculinidades são construções sociais, ou mesmo quando afirmava que essas "dimensões" são construídas discursivamente, eu percebia um movimento de escuta, até mesmo uma disposição favorável a acolher tais ideias (ainda que houvesse resistências aqui e ali). No entanto, havia um claro limite para pensar nesse terreno – o limite estava na sexualidade ou, mais especificamente, esbarrava na homossexualidade. Isso não quer dizer que não me fossem feitas questões sobre sexualidade, pelo contrário, elas eram muitas; mas se dirigiam, fundamentalmente e na sua mais expressiva maioria, para descobrir a "causa" desse "problema" e para corrigi-lo. "Como lidar com estudantes que demonstrem de algum modo, de qualquer modo, interesse por parceria com o mesmo sexo?" "Como suspeitar desses interesses?" E, em seguida: "como proceder para redirecionar essses sujeitos, reafirmando a forma 'normal' de desejo?". Essas questões, constantemente repetidas, talvez tenham se constituído numa das razões primeiras para que eu dirigisse minha atenção para o estudo da sexualidade e fizesse desse o meu campo primordial de interesse.

Questões "práticas", carregadas das urgências cotidianas do "como fazer", acabaram por me colocar questões de outra ordem, levaram-me a tentar compreender como a heterossexualidade e o heterossexual foram instituídos como a posição e o sujeito centrais da cultura ocidental moderna; levaram-me a examinar através de que estratégias essa posição se estabeleceu como norma (ou, mais do que isso, se estabeleceu como a expressão "natural" dos prazeres e desejos sexuais); e, ao mesmo tempo, instigaram-me a analisar a história e as formas de instituição do lugar subordinado, desprezível ou lamentável do sujeito homossexual e de outras formas de sexualidade.

Desprezar o sujeito homossexual era (e ainda é), em nossa sociedade, algo "comum", "compreensível", "corriqueiro". Daí por que vale a pena colocar essa questão em primeiro plano. Entendo que é absolutamente relevante refletir sobre as formas de viver a sexualidade, sobre as muitas formas de ser e de experimentar prazeres e desejo; é relevante, também, refletir sobre possíveis formas de intervir a fim perturbar ou alterar, de algum modo, um estado de coisas que considero "intolerável". A escolha de meu objeto de estudo é, portanto, ao mesmo tempo política e teórica. É importante entender não apenas como se constituíram essas posições-de-sujeito, mas analisar como a oposição binária subjacente a este regime se inscreve na produção do saber, na organização social, nas práticas cotidianas, no exercício do poder. Interessa-me, mais particularmente, compreender como se dá, nas instâncias que chamamos de pedagógicas, a reiteração dessas posições e, para além disso, pensar sobre o que pode ser feito para desestabilizá-las e desarranjar tais certezas.

O corpo (da mulher) foi desde sempre objeto de atenção das várias correntes do feminismo: a possibilidade de usar o corpo e de viver a sexualidade com autonomia foi um propósito político do movimento; discutir a maternidade como destino ou como escolha, como privilégio ou como fardo supõe remeter-se a formas de viver a sexualidade. Os estudos que colocaram a mulher ou as relações de gênero no centro de suas preocupações sempre implicaram, direta ou indiretamente, questões sobre a sexualidade. Essas questões talvez se tenham colocado de forma ainda mais contundente a partir dos questionamentos lançados pelas feministas lésbicas que denunciavam o princípio heterossexual implicado, aparentemente, no conceito de gênero e que reclamavam que suas experiências e suas histórias também mereciam um protagonismo até então negado. A relevância da sexualidade se acentua a partir da consolidação dos Estudos Lésbicos e dos Estudos Gays, e, mais recentemente, com os aportes de estudiosas e estudiosos queer. Todos esses campos políticos e teóricos se aproximam e também se tensionam mutuamente, mexendo com conceitos, compreensões, estratégias de análise e de ação.

★ ★ ★

Dizer que a produção dos/as teóricos/as queer se faz no contexto do pós-modernismo e do pós-estruturalismo é dizer muito pouco. Parece evidente que, por sua contemporaneidade (essa é uma produção que se faz a partir dos anos 1990) e pela problematização que lança ao "centro" da cultura, o movimento político e teórico deveria ser situado no pós-modernismo; além disso, sob o ponto de vista da teorização, aqueles que são "rotulados" como queer usualmente recorrem a Derrida, Foucault e Lacan em seus argumentos e suas análises, o que aponta para o pós-estruturalismo. Polêmicas e debates são frequentes entre esse grupo de intelectuais que mantém, contudo, alguns pontos em comum, já que a maioria se apoia na teoria pós-estruturalista francesa e apela para estratégias descentradoras e desconstrutivas em suas análises. Sua produção tem pretensões de ruptura epistemológica, portanto esses teóricos e teóricas querem provocar um jeito novo de conhecer e também pretendem apontar outros alvos do conhecimento. De modo geral, não produzem textos "propositivos"; neles se encontram poucas indicações sobre políticas programáticas afirmativas. A oposição binária heterossexualidade/homossexualidade ganha centralidade nas análises de quase todos, uma vez que entendem ser esta uma oposição que articula as práticas sociais e culturais, que articula o conhecimento e o poder e que contribui para produzir os sujeitos. A homossexualidade é analisada como parte de um regime de poder/saber (mais do que como uma identidade social minoritária). Então, pelas condições de sua emergência e por suas formulações, é possível afirmar que essa é uma teoria e uma política *pós-identitária*: o foco sai das identidades para a cultura, para as estruturas linguísticas e discursivas e para seus contextos institucionais.

    O que os teóricos e as teóricas queer estão propondo é, de certo modo, uma política de conhecimento cultural. E esse pode ser o fio condutor para dizer das potencialidades dessa teoria no sentido de provocar um outro modo de conhecer e de pensar que interessa particularmente a educadoras e educadores. O deslizamento do terreno da sexualidade para outros terrenos se fundamenta, em grande parte, na convicção de que "a linguagem da sexualidade", como diz Eve Segdwick (1995. p. 245), "não apenas se intersecta com outras linguagens e relações pelas quais nós conhecemos, mas as transforma".

A teoria se pretende *subversiva*. Mas são tantas as teorias que se autoproclamam subversivas que tal qualificação pode parecer um tanto gasta e esvaziada. Será necessário, pois, analisar o que diz Judith Butler (*apud* LUHMAN, 1998, p. 146): "práticas subversivas têm de extrapolar a capacidade de ler, têm de desafiar convenções de leitura e exigir novas possibilidades de leitura". A subversão da qual falam as estudiosas queer não consiste numa espécie de contraconhecimento que se poderia identificar facilmente (o que, de certo modo era e é o que propõem vários movimentos sociais, como, por exemplo, os próprios Estudos Gays e Lésbicos, ao sugerirem a inclusão desses sujeitos e de suas histórias ou experiências nos cânones oficiais, nos currículos, etc.). Em vez disso, para as teóricas e teóricos queer, a subversão "reside no momento mesmo de não inteligibilidade", ou seja, naquele "ponto" a partir do qual não se consegue explicar ou pensar. Ao trazer essas questões para o campo educacional, tomo de empréstimo uma pergunta elaborada por Suzane Luhman (1998, p. 147): "Se a subversão não é uma nova forma de conhecimento, mas reside na capacidade de levantar questões sobre os *detours* de vir a conhecer e a fazer sentido, então o que isto significa para uma pedagogia que imagine a si mesma como queer?".

Como traduzir o questionamento proposto por Luhman? A tradução de teorias – na verdade, qualquer tradução – é sempre problemática. Afirma-se que muitos conceitos, ao viajarem, perdem sua potência crítica. Parece prudente ampliar essa afirmação e pensar que, ao viajarem, os conceitos e as teorias se deslocam, deslizam, entram em contato e interação com outros espaços linguísticos e culturais marcados por relações de poder não idênticas àquelas de onde vieram. Olgária Matos (1998/1999, p. 25) diz que "traduzir uma língua em outra, uma cultura em outra, requer preservar aquilo que as faz estrangeiras, suas zonas de obscuridade e incomunicabilidade". Requer, também, que se assumam os riscos da transformação. Uma tradução implica, necessariamente, transformação e põe em funcionamento uma série de questões.[1] Ao assumir tal empreitada, nos tornamos uma espécie de tradutores culturais e nos envolvemos num processo muito mais complexo do que a decodificação de palavras ou de expressões.

Ao lidar com a teoria queer, vejo-me mergulhada nessas questões: seus conceitos "fazem sentido" na nossa cultura? Como se sustenta sua força crítica? Como eles se transformam no contexto brasileiro? Sem pretender atribuir uma "origem" ou um "começo" para a teoria, entendo que determinada formação discursiva permitiu sua emergência num dado contexto e seria indispensável indagar se algo similar estaria em funcionamento no Brasil. A resposta pode ser afirmativa: aqui também vêm se articulando condições que possibilitam um movimento queer (obviamente com marcas próprias de nossa cultura).[2] Tais condições têm a ver com a história do movimento homossexual em nosso país e com as fraturas internas desse movimento; com uma mídia que vem se desenvolvendo articulada a esse processo e também com o surgimento de espaços e produtos culturais voltados para o público gay e lésbico; têm a ver com o surgimento e a expansão da aids e com as redes de solidariedade que se formaram articuladas à doença (redes que ultrapassam claramente os limites de uma identidade homossexual); têm a ver, também, com o surgimento de núcleos e grupos de pesquisa e centros universitários voltados para o estudo da sexualidade e, em especial, para os estudos ligados a Foucault e ao pós-estruturalismo. Mais recentemente, todo esse processo tem ganhado impulso, na medida em que a diversidade interna e as manifestações culturais da "comunidade" LGBTT se tornam cada vez mais visíveis. Seja como for, as peculiaridades culturais e políticas de nossa sociedade (de qualquer sociedade) não sugerem que a tradução de uma teoria se faça simplesmente pelo "transplante" de seus conceitos e proposições. Nesse processo acontecem transfigurações, rearranjos, invenções; aí sempre estará implicada alguma ousadia, sempre se tomará "liberdades". Quero ensaiar, pois, traduzir a teoria na sua articulação com o campo da educação e, para tanto, experimento algumas possibilidades que me sugere a expressão *queering the curriculum*, várias vezes repetida por estudiosas anglo-saxãs.

O que significaria tornar queer o currículo? Jogando com as acepções da palavra queer, ensaio uma resposta que, de algum modo, tenta transpor o "espírito" que a expressão sugere na formulação daquelas estudiosas. "Em inglês, o termo queer", como observa Tamsin Spargo

(2017, p. 13), "pode ter função de substantivo, adjetivo ou verbo, mas em todos os casos se define em oposição ao 'normal' ou à normalização". A palavra tem, no contexto anglo-saxão, mais de um significado: constitui-se na expressão pejorativa com que são designados homens e mulheres homossexuais e transsexuais (equivalente a "bicha", "sapatão" ou "viado") e corresponde, em português, a estranho, esquisito, ridículo, excêntrico, etc. Se a transformarmos num verbo, "estranhar", chegaremos a algo como "estranhar" o currículo. Parece-me produtivo, neste caso, colocar em jogo o emprego que nós, os gaúchos, damos ao verbo estranhar e brincar um pouco com a palavra. No Rio Grande, quando alguém diz: "Tu tá me estranhando?", está sugerindo, com alguma dose de provocação, que o outro não o está tratando do jeito habitual. Como diz Luiz Augusto Fischer (1999) no seu *Dicionário de Porto-Alegrês*, a expressão se enquadra num contexto belicoso, de bravata, e se aplica quando alguém percebe ou imagina que está sendo *mal visto* ou quando há *desconfiança* a respeito de si. É como se o sujeito perguntasse: "tem algum problema em eu ter dito o que disse? porque se tiver já vamos partir para a ignorância". Então, quando pretendemos "estranhar o currículo", nosso movimento seria parecido com isso, ou seja, seria um movimento de desconfiar do currículo (tal como ele se apresenta), tratá-lo de modo não usual; seria um movimento no sentido de desconcertar ou transtornar o currículo. Talvez valesse, ainda, colocar em ação algo que me parece implícito no uso gauchesco de estranhar: "passar dos limites", abusar. Penso que é esse o espírito de *queering* o currículo: passar dos limites, atravessar-se, desconfiar do que está posto e olhar de mau jeito o que está posto; colocar em situação embaraçosa o que há de estável naquele "corpo de conhecimentos"; enfim fazer uma espécie de enfrentamento das condições em que se dá o conhecimento.

Retornando às questões de Suzane Luhman (1998, p. 147), nos deparamos com uma provocação: "que tal se uma pedagogia queer colocasse em crise o que é conhecido e como nós chegamos a conhecer?"

A ideia é pôr em questão o conhecimento (e o currículo), pôr em questão o que é conhecido e as formas como chegamos a conhecer determinadas coisas e a não conhecer (ou a desconhecer) outras. Não se trata, propriamente, de incorporar ao currículo (já superpovoado) um outro sujeito (o queer), mas sim, mais apropriadamente, de pôr em questão a ideia de que se disponha de um corpo de conhecimentos mais ou menos seguro que deva ser transmitido: além disso, pôr em questão a forma usual de conceber a relação professor-estudante-texto (texto aqui tomado de forma ampliada). Trata-se ainda, e fundamentalmente, de questionar sobre as condições que permitem (ou que impedem) o conhecimento. Isso me remete ao ponto inicial desta discussão, ou seja, à ideia de que há *limites* para o conhecimento: nessa perspectiva parece importante indagar o que ou quanto um dado grupo *suporta conhecer*.

Se tomarmos o currículo como um texto "generificado" e sexualizado (o que ele também é), os limites parecem se inscrever nos contornos da premissa sexo-gênero-sexualidade. A premissa que afirma que determinado sexo indica determinado gênero e este gênero, por sua vez, indica ou induz o desejo. Nesta lógica, supõe-se que o sexo é "natural" e se entende o natural como "dado". O sexo existiria antes da inteligibilidade, ou seja, seria pré-discursivo, anterior à cultura. O caráter imutável, a-histórico e binário do sexo vai impor limites à concepção de gênero e de sexualidade. Além disso, ao equacionar a natureza com a heterossexualidade, isto é, com o desejo pelo sexo/gênero oposto, passa-se a supô-la como a forma compulsória de sexualidade. Dentro dessa lógica, os sujeitos que, por qualquer razão ou circunstância, escapam da norma e promovem uma descontinuidade na sequência serão tomados como "minoria" e serão colocados à margem das preocupações de um currículo ou de uma educação que se pretenda para a maioria. Paradoxalmente, esses sujeitos "marginalizados" continuam necessários, pois servem para circunscrever os contornos daqueles que são normais e que, de fato, se constituem nos sujeitos que importam. O limite do "pensável", no campo dos gêneros e da sexualidade, fica circunscrito, pois, aos contornos dessa sequência "normal". Sendo a lógica binária, há que admitir a existência de um polo desvalorizado – um grupo designado como minoritário que pode ser *tolerado* como desviante ou diferente. É insuportável, contudo, pensar em múltiplas sexualidades. A ideia de multiplicidade escapa da lógica que rege toda essa questão.

    É possível, no entanto, subverter essa lógica, se pensarmos que o sexo é, também, um constructo cultural. É nessa direção que caminha Judith Butler (1990).

Ela rompe com a conexão sexo=natureza/gênero=cultura, ao sugerir que o sexo é cultural, na mesma medida em que o é o gênero. Consequentemente, a própria distinção sexo/gênero fica perturbada. Para Butler, o gênero é o meio discursivo/cultural mediante o qual um "sexo natural" é estabelecido como pré-discursivo. Em outras palavras, o sexo é, ele próprio, um constructo que se faz no interior da linguagem e da cultura.

A coerência e a continuidade de alguém se constituem, diz ela, em "normas de inteligibilidade", instituídas e mantidas socialmente. A identidade é assegurada através de conceitos estáveis de sexo-gênero e sexualidade. No entanto, há sujeitos de gênero "incoerentes", "descontínuos", indivíduos que deixam de se conformar às normas generificadas de inteligibilidade cultural pelas quais todos deveriam ser definidos. Em suas palavras:

> os espectros da descontinuidade e da incoerência são proibidos, mas também são produzidos pelas próprias leis que buscam estabelecer essas linhas de coesão causais entre sexo biológico, gêneros culturalmente construídos e a "expressão" ou "o efeito" de ambos na manifestação do desejo sexual através da prática sexual (BUTLER, 1990, p. 17).

Não há lugar, no currículo, para a ideia de multiplicidade (de sexualidade ou de gênero) – essa é uma ideia insuportável. E o é, entre outras razões, porque aquele/a que a admite pode ser tomado/a como particularmente implicado/a na multiplicidade. Consequentemente, há quem assuma, com certo orgulho, ignorar formas não-hegemônicas de sexualidade. Ao declarar sua ignorância, ele/ela pretende afirmar, implicitamente, que "não tem nada a ver com isso", ou seja, que não se reconhece como envolvido/a nessa questão, de forma alguma.

Estamos diante de outro ponto central na análise queer: a questão da ignorância. Eve Sedgwick (1993) e outros/as teóricos/as propõem que se pense a ignorância não como uma falha ou uma falta de conhecimento, mas sim como um resíduo de conhecimento, como o efeito de um jeito de conhecer. A teoria queer coloca em questão um dos binarismos fundantes do campo educacional, a oposição entre conhecimento e ignorância, ao demonstrar que esses polos estão mutuamente implicados um no outro e ao sugerir que a ignorância pode ser compreendida como sendo produzida por um modo de conhecer, ou melhor, que ela é, também, uma forma de conhecimento.

No campo da educação, a ignorância sempre foi concebida como o outro do conhecimento e, então, repudiada. A ideia que estamos propondo seria compreendê-la como implicada no conhecimento, o que, surpreendentemente, leva a considerá-la valiosa. Seguindo Deborah Britzman (1996, p.91), poderíamos admitir que "qualquer conhecimento já contém suas próprias ignorâncias". Quando determinados problemas são formulados, isso se faz com o suporte de determinada lógica que permite formulá-los e que, por outro lado, simultaneamente, deixa de fora outros problemas, outras perguntas. A própria formulação do problema indica o que será objeto do conhecimento e o que deverá ficar "desconhecido"; o que será reconhecido, aceito, admitido e o que permanecerá irreconhecível, impossível de ser acolhido como verdade. Existem conhecimentos em relação aos quais há uma "recusa" em se aproximar; conhecimentos aos quais se nega acesso, aos quais se resiste. Por tudo isso, ao tratarmos de educação e de pedagogia, talvez devêssemos pensar, como sugerem alguns, não propriamente na paixão pelo conhecimento, mas sim na paixão pela ignorância e perguntar o que esta ignorância (ou esse desejo pela ignorância) tem a nos dizer. Não deveríamos pensar numa "incapacidade cognitiva" de aprender algo, conforme sugere Suzane Luhman (1998), mas sim entender o desejo pela ignorância como performativo, isto é, como produzindo a recusa (ou o não-desejo) a admitir a própria implicação naquilo que está sendo estudado ou examinado. A resistência ao conhecimento deveria nos levar, portanto, a tentar compreender as condições e os limites do conhecimento de um dado grupo cultural. Como educadoras nos interessa descobrir onde, em que ponto, um texto ou uma questão deixam de "fazer sentido" para um grupo de estudantes; onde ocorre a "ruptura" do sentido; e, ainda, como podemos trabalhar através da recusa a aprender. "O que há para aprender com a ignorância?" – é a questão que colocam estudiosas queer.

A resistência a aprender pode ser observada em sua manifestação individual e psicológica, mas talvez seja mais produtivo pensar tais questões numa ótica cultural. Pode ser útil, neste caso, o conceito foucaultiano de *episteme*, compreendido como campo epistemológico no interior do qual determinadas coisas podem ser concebidas ou podem ser ditas e outras não. Segundo Foucault (1995,

p. 11), os conhecimentos "manifestam uma história que não é a de sua perfeição crescente, mas, antes, a de suas condições de possibilidades". Há coisas e há sujeitos que podem ser pensados no interior de uma cultura e outros que são impensáveis, e são impensáveis porque não se enquadram numa lógica ou num quadro admissíveis àquela cultura, naquele momento. Coisas, ou sujeitos, ou práticas aos quais falta um solo, ou uma "tábua de trabalho". Fundamentalmente, o que deixa de existir é um quadro de referências que permita ao pensamento operar – essas práticas e sujeitos transgridem toda a imaginação, são incompreensíveis ou impensáveis e, então, são recusados e ignorados.

Frequentemente a recusa é experimentada como intransponível e paralisante. Não formulamos outras questões, não há como sustentá-las dentro da lógica vigente. Não acolhemos curiosidades impertinentes, a menos que possamos torná-las pertinentes ou domesticá-las. Perguntas que escapam da lógica são temidas, qualificadas como impróprias e inconvenientes. Elas causam desconforto, não se "ajustam", são incontroláveis e incontroladas; elas perturbam o "domínio" do conhecimento que ambicionamos.

No campo da sexualidade, operamos dentro da lógica binária e suportamos estender nosso pensamento aos sujeitos e às práticas que se relacionam a essa lógica. Fora desse quadro nos deparamos com obstáculos epistemológicos muito difíceis ou quase impossíveis de ultrapassar. No entanto, se quisermos pensar queer, teremos de imaginar formas de atravessar esses limites.[3] Quando digo atravessar, penso em várias possibilidades implicadas nessa ação, tais como "passar através", isto é, fazer uso dos próprios obstáculos como um veículo para penetrá-los e superá-los, "percorrer" e também "transpor" os limites. Isso supõe um movimento de abandono das regras da prudência, da ordem, da sensatez. Isso implica perturbar a familiaridade do pensamento e pensar fora da lógica segura. As questões que passariam a nos mobilizar seriam, fundamentalmente, aquelas que indagam como um saber se constitui e como um outro saber *não* se constitui (ou não consegue se constituir); como funcionam, nesse jogo de afirmações e de negações, as relações de poder.

O movimento que consiste em *queering* a educação pode ser pensado, ainda, como um movimento que implica numa erotização dos processos de conhecer, de aprender e de ensinar. A erotização tomada num sentido pleno e alargado, como uma energia e uma força motriz que impulsiona nossos atos cotidianos e nossa relação com os outros. Sem deixar de lado a sensualidade e os corpos, certamente também implicados nesses processos, penso aqui num erotismo presente na sala de aula e em outros espaços educativos que se liga à curiosidade, portanto, ao desejo de saber. As referências de Freud ao desejo polimorfo e perverso que eventualmente experimentamos permitem pensar que nosso erotismo não necessita de um alvo único, mas, em vez disso, pode se espalhar em muitas direções.

Já se disse que sem a sexualidade não haveria curiosidade e sem curiosidade o ser humano não seria capaz de aprender. Tudo isso pode levar a apostar que uma teoria e uma política voltadas, inicialmente, para a multiplicidade da sexualidade, dos gêneros e dos corpos possam contribuir para transformar a educação num processo mais prazeroso, mais efetivo e mais intenso.

**Notas**

1. A respeito das "viagens de teorias" (em especial, das teorias feministas e dos mecanismos e aparatos materiais e culturais que aí estão envolvidos) e, mais pontualmente, uma análise dessas questões no âmbito brasileiro, ver o artigo de Cláudia de Lima Costa (e outros integrantes do dossiê sobre "Publicações feministas brasileiras"), publicado na *Revista de Estudos Feministas*, v. 11, n. 1, de 2003.

2. Examino um pouco essa questão no capítulo "Uma política pós-identitária para educação".

3. É nessa direção que Tomaz Tadeu acena, em seu *Documentos de Identidade* (1999), quando afirma que se deve "forçar os limites das epistemes dominantes". Aquilo que se tem como "o campo de saber possível de uma dada época" (e do qual o currículo é um recorte) teria de ser estendido, rasgado; fronteiras, barreiras e obstáculos teriam de ser rompidos.

# Marcas do corpo, marcas de poder

Diz-se que corpos carregam marcas. Poderíamos, então, perguntar: onde elas se inscrevem? Na pele, nos pelos, nas formas, nos traços, nos gestos? O que elas "dizem" dos corpos? Que significam? São tangíveis, palpáveis, físicas? Exibem-se facilmente, à espera de serem reconhecidas? Ou se insinuam, sugerindo, qualificando, nomeando? Há corpos "não-marcados"? Elas, as marcas, existem, de fato? Ou são uma invenção do olhar do outro?

Hoje, como antes, a determinação dos lugares sociais ou das posições dos sujeitos no interior de um grupo é referida a seus corpos. Ao longo dos tempos, os sujeitos vêm sendo indiciados, classificados, ordenados, hierarquizados e definidos pela aparência de seus corpos; a partir dos padrões e referências, das normas, valores e ideais da cultura. Então, os corpos são o que são na cultura. A cor da pele ou dos cabelos; o formato dos olhos, do nariz ou da boca; a presença da vagina ou do pênis; o tamanho das mãos, a redondeza das ancas e dos seios são, sempre, significados culturalmente e é assim que se tornam (ou não) *marcas* de raça, de gênero, de etnia, até mesmo de classe e de nacionalidade. Podem valer mais ou valer menos. Podem ser decisivos para dizer do lugar social de um sujeito, ou podem ser irrelevantes, sem qualquer validade para o sistema classificatório de um dado grupo cultural. Características dos corpos significadas como marcas pela cultura distinguem sujeitos e se constituem em marcas de poder.

Entre tantas marcas, ao longo dos séculos, a maioria das sociedades vem estabelecendo a divisão masculino/feminino como uma divisão primordial. Uma divisão usualmente compreendida como primeira, originária ou essencial e, quase sempre, relacionada ao corpo. É um engano, contudo, supor que o modo como pensamos o corpo e a forma como, a partir de sua materialidade, "deduzimos" identidades de gênero e sexuais seja generalizável para qualquer cultura, para qualquer tempo e lugar. A identidade sexual tem de ser pensada "como enraizada historicamente", diz Linda Nicholson (2000, p. 15). Precisamos estar atentos para o caráter específico (e também transitório) do sistema de crenças com o qual operamos; precisamos nos dar conta de que os corpos vêm sendo "lidos" ou compreendidos de formas distintas em diferentes culturas, de que o modo como a distinção masculino/feminino vem sendo entendida diverge e se modifica histórica e culturalmente.

No tempo em que a Bíblia era a "fonte da autoridade", era no texto sagrado que se buscava a explicação sobre o relacionamento entre mulheres e homens e sobre qualquer diferença percebida entre eles. Nesse tempo, o corpo tinha menos importância. Posteriormente, no entanto, ele ganhou um papel primordial – o corpo se tornou *causa* e *justificativa* das diferenças. "De um sinal ou marca da distinção masculino/feminino [as características] passaram a ser sua causa, aquilo que dá origem", afirma Nicholson (2000, p. 18). Tais mudanças não são banais; elas denotam profundas e relevantes transformações nas formas de dar significado ao que representa ser homem ou mulher numa determinada sociedade, elas sugerem mudanças nas suas relações e, portanto, nas formas como o poder se exercita.

Até o início do século XIX, conforme conta Laqueur, persistira o modelo sexual que hierarquizava os sujeitos ao longo de um único eixo, cujo *telos* era o masculino; portanto, entendia-se que os corpos de mulheres e de homens diferiam em "graus" de perfeição. As explicações da vida sexual apoiavam-se na ideia de que as mulheres tinham, "dentro de seu corpo", os mesmo órgãos genitais que os homens tinham externamente. Em outras palavras, "as mulheres eram essencialmente homens nos quais uma falta de calor vital – de perfeição – havia resultado na retenção, interna, de estruturas que nos machos eram visíveis" (LAQUEUR, 1990, p. 4). A substituição desse modelo (de um único sexo) pelo modelo de dois sexos opostos, que é o modelo que até hoje prevalece, tem de ser entendida como articulada a mudanças epistemológicas e políticas.

O discurso sobre o corpo e sobre a sexualidade muda na medida em que o corpo não é mais compreendido como "um microcosmo de uma ordem maior". A antiga concepção, que ligava a experiência sexual humana à realidade metafísica e à ordem social, cede espaço à outra, que permitirá desvincular o corpo desse amplo contexto e, ao mesmo tempo, irá atribuir ao sexo uma centralidade nunca vista. Experimenta-se uma transformação de paradigmas. Formulações filosóficas, religiosas e teóricas ligadas ao Iluminismo; novos arranjos entre as classes sociais decorrentes da Revolução Francesa e do conservadorismo pós-revolucionário; mudanças nas relações entre homens e mulheres, vinculadas ao industrialismo, à divisão sexual do trabalho, bem como às ideias de caráter feminista então em circulação, são algumas das condições que possibilitam essa mudança de paradigmas. Mas, como afirma Laqueur (1990, p. 11), "nenhuma dessas coisas *provocou* a construção de um novo corpo sexuado. Em vez disso, a reconstrução do corpo é, ela própria, intrínseca a cada um desses desenvolvimentos". Portanto, é possível dizer que novos discursos, outra retórica, uma outra *episteme* se instalam e, nessa nova formação discursiva, a sexualidade passa a ganhar centralidade na compreensão e na organização da sociedade. Por certo o surgimento desse novo modelo não significou o completo rechaço do anterior; por um largo tempo travaram-se disputas em torno do significado atribuído aos corpos, à sexualidade e à existência de homens e mulheres.

Organizados politicamente, os Estados passaram a se preocupar, cada vez mais, com o controle de suas populações, com medidas que garantissem a vida e a produtividade de seus povos e se voltaram, então, para a disciplinarização e regulação da família, da reprodução e das práticas sexuais. Nas décadas finais do século XIX, homens vitorianos, médicos e também filósofos, moralistas e pensadores fazem "descobertas", definições e classificações sobre os corpos de homens e mulheres. Suas proclamações têm expressivos e persistentes efeitos de verdade. A partir de seu olhar "autorizado", diferenças entre sujeitos e práticas sexuais são inapelavelmente estabelecidas. Não é de estranhar, pois, que a linguagem e a ótica empregadas em tais definições sejam marcadamente masculinas; que as mulheres sejam concebidas como portadoras de uma sexualidade ambígua, escorregadia e potencialmente perigosa; que os comportamentos das classes média e alta dos grupos brancos das sociedades urbanas ocidentais tenham se constituído na referência para estabelecer as práticas moralmente apropriadas ou higienicamente sãs. Tipologias e relatos de casos, classificações e minuciosas hierarquias caracterizam os estudos da nascente sexologia. Busca-se, tenazmente, conhecer, explicar, identificar e também classificar, dividir, regrar e disciplinar a sexualidade. Produzem-se discursos carregados da autoridade da ciência. Discursos que se confrontam ou se combinam com os da igreja, da moral e da lei.

Tudo isso permite dizer, como faz Judith Butler, que os discursos "habitam corpos", que "eles se acomodam em corpos" ou, ainda mais contundentemente, que "os corpos, na verdade, carregam discursos como parte de seu próprio sangue" (BUTLER *in* PRINS; MEIJER, 2002, p. 163). Portanto, antes de pretender, simplesmente, "ler" os gêneros e as sexualidades a partir de "dados" dos corpos, parece prudente pensar tais dimensões como sendo discursivamente inscritas nos corpos e se expressando através dos corpos; pensar as formas de gênero e de sexualidade fazendo-se e transformando-se histórica e culturalmente. Não se pretende, com isso, negar a materialidade dos corpos, mas o que se enfatiza são os processos e as práticas discursivas que fazem com que aspectos dos corpos se convertam em definidores de gênero e de sexualidade e, como consequência, acabem por se converter em definidores dos sujeitos.

Certa premissa, bastante consagrada, costuma afirmar que determinado sexo (entendido, neste caso, em termos de características biológicas) indica determinado gênero, e este gênero, por sua vez, indica ou induz o desejo. Essa sequência supõe e institui uma coerência e uma continuidade entre sexo-gênero-sexualidade. Ela supõe e institui uma consequência, ela afirma e repete uma norma, apostando numa lógica binária pela qual o corpo, identificado como macho ou como fêmea, determina o gênero (um de dois gêneros possíveis: masculino ou feminino) e leva a uma forma de desejo (especificamente, o desejo dirigido ao sexo/gênero oposto). Ainda que o corpo possa se transformar ao longo da vida, espera-se que tal transformação se dê numa direção única e legítima, na medida em que esse corpo adquire e exibe os atributos próprios de seu gênero e desenvolve sua sexualidade tendo como alvo o polo oposto, ou seja, o corpo diferente do seu. Essa sequência será, contudo, imperativa? Natural? Incontestável? Que garantias há de que ela ocorra, independentemente de acidentes, acasos? Não há qualquer garantia. A sequência não é natural nem segura, muito menos indiscutível. A ordem pode ser negada, desviada. A sequência desliza e escapa. Ela é desafiada e subvertida. Para suportá-la ou assegurar seu funcionamento são necessários investimentos continuados e repetidos; não se poupam esforços para defendê-la.

A ordem só parece segura por se assentar sobre o duvidoso pressuposto de que o sexo existe fora da cultura e, consequentemente, por inscrevê-lo num domínio aparentemente estável e universal, o domínio da natureza. A ordem "funciona" como se os corpos carregassem uma essência, desde o nascimento; como se corpos sexuados se constituíssem numa espécie de superfície pré-existente, anterior à cultura. Onde encontrar, contudo, esse corpo pré-cultural? Como acessá-lo? Na tela do aparelho de ecografia que mostra os primeiros momentos da vida de um feto, teríamos, afinal, um corpo ainda não nomeado pela cultura? A resposta terá de ser negativa. Não há corpo que não seja, desde sempre, dito e feito na cultura; descrito, nomeado e reconhecido na linguagem, através dos signos, dos dispositivos, das convenções e das tecnologias.

A concepção binária do sexo, tomado como um "dado" que independe da cultura, impõe, portanto, limites à concepção de gênero e torna a heterossexualidade o destino inexorável, a forma compulsória de sexualidade. As descontinuidades, transgressões e subversões que essas três categorias (sexo-gênero-sexualidade) podem experimentar são empurradas para o terreno do incompreensível ou do patológico. Para garantir a coerência, a solidez e a permanência da norma são realizados investimentos –

continuados, reiterativos, repetidos. Investimentos produzidos a partir de múltiplas instâncias sociais e culturais: postos em ação pelas famílias, pelas escolas, pelas igrejas, pelas leis, pela mídia ou pelos médicos com o propósito de afirmar e reafirmar as normas que regulam os gêneros e as sexualidades. As normas regulatórias voltam-se para os corpos para indicar-lhes limites de sanidade, legitimidade, moralidade ou coerência. Daí porque aqueles que escapam ou atravessam esses limites ficam marcados como corpos — e sujeitos — ilegítimos, imorais ou patológicos.

Apesar de todo esse investimento, os corpos se alteram continuamente. Não somente sua aparência, seus sinais ou seu funcionamento se modificam ao longo do tempo; eles podem, ainda, ser negados ou reafirmados, manipulados, alterados, transformados ou subvertidos. As marcas de gênero e sexualidade, significadas e nomeadas no contexto de uma cultura, são também cambiantes e provisórias, e estão, indubitavelmente, envolvidas em relações de poder. Os esforços empreendidos para instituir a norma nos corpos (e nos sujeitos) precisam, pois, ser, constantemente, reiterados, renovados e refeitos. Não há nenhum núcleo efetivo e confiável a partir do qual a "norma", ou seja, a consagrada sequência sexo-gênero-sexualidade possa fluir ou emanar com segurança. O mesmo se pode dizer a respeito dos movimentos para transgredi-la. Esses também supõem intervenção, deslocamento, ingerência. Em ambas as direções, é no corpo e através do corpo que os processos de afirmação ou transgressão das normas regulatórias se realizam e se expressam. Assim, os corpos são marcados social, simbólica e materialmente – pelo próprio sujeito e pelos outros. É pouco relevante definir quem tem a iniciativa dessa "marcação" ou quais suas intenções, o que importa é examinar como ocorrem esses processos e os seus efeitos.

Uma multiplicidade de sinais, códigos e atitudes produz referências que *fazem sentido* no interior da cultura e que definem (pelo menos momentaneamente) quem é o sujeito. A marcação pode ser simbólica ou física, pode ser indicada por uma aliança de ouro, por um véu, pela colocação de um *piercing*, por uma tatuagem, por uma musculação "trabalhada", pela implantação de uma prótese... O que importa é que ela terá, além de efeitos simbólicos, expressão social e material. Ela poderá permitir que o sujeito seja reconhecido como pertencendo a determinada identidade; que seja incluído em ou excluído de determinados espaços; que seja acolhido ou recusado por um grupo; que possa (ou não) usufruir de direitos; que possa (ou não) realizar determinadas funções ou ocupar determinados postos; que tenha deveres ou privilégios; que seja, em síntese, aprovado, tolerado ou rejeitado.

O argumento se torna mais convincente se colocarmos em evidência o corpo de uma *drag queen*. Embora alguns possam afirmar que esse é um corpo "excepcional" e, por isso, inadequado para pensar os corpos "normais", insisto no exemplo, confiando que ele poderá fornecer pistas importantes para pensarmos os corpos "comuns" e o cotidiano. A *drag* é, fundamentalmente, uma figura "pública", isto é, uma figura que se apresenta e surge como tal apenas no espaço público. Descobri-la no seu processo de produção é, pois, uma tarefa difícil. Conduzidos por uma pesquisa realizada por Anna Paula Vencato (2002) com *drag queens* da ilha de Santa Catarina, entramos no camarim de uma *drag*, espaço usualmente interditado aos olhos dos outros. É no camarim que ela "se monta". A "montaria" consiste na minuciosa e longa tarefa de transformação de seu corpo, um processo que supõe técnicas e truques (como uma cuidadosa depilação, a dissimulação do pênis ou, ainda, por exemplo, o uso de seis pares de meias-calças para "corrigir" as pernas finas); um processo que continua com uma exuberante vestimenta, muita purpurina, sapatos de altas plataformas e que se completa com pesada maquiagem (corretivo, base, batom, muito *blush*, cílios postiços e perucas). Ao executar, por fim, seus últimos movimentos, retocando o batom ou o delineador dos olhos, a "*drag* 'baixa'" – conforme uma delas afirma. É nesse momento que a *drag* efetivamente *incorpora*, que ela toma corpo, que ela se materializa e passa a existir como personagem. Ela está, agora, pronta para ganhar a rua, para se apresentar num show, a trabalho, para "fazer" o carnaval ou simplesmente para se divertir. Anna Paula reproduz a fala de uma *drag*, já montada e maquiada, numa noite de carnaval, tentando convencer a colega que resistia a se produzir, porque "já não tinha mais corpo": "Corpo? Corpo se fabrica... eu não fabriquei um agora?" (VENCATO, 2002, p. 46).

A *drag* assume, explicitamente, que fabrica seu corpo, ela intervém, esconde, agrega, expõe. Deliberadamente, realiza todos esses atos não porque pretenda se fazer passar por uma mulher. Seu propósito não é esse, ela não quer ser confundida ou tomada por uma mulher. A *drag* propositalmente exagera os traços convencionais do feminino, exorbita e acentua marcas corporais, comportamentos, atitudes, vestimentas culturalmente identificadas como femininas. O que faz pode ser compreendido como uma paródia de gênero: ela imita e exagera, se aproxima, legitima e, ao mesmo tempo, subverte o sujeito que copia.

Na pós-modernidade, a paródia se constitui não somente numa possibilidade estética recorrente mas na forma mais efetiva de crítica, na medida em que implica, paradoxalmente, a identificação e o distanciamento em relação ao objeto ou ao sujeito parodiado. Conforme acentuam teóricas e teóricos contemporâneos, não se trata de uma imitação ridicularizadora, mas de uma "repetição com distância crítica que permite a indicação irônica da diferença no próprio âmago da semelhança" (HUTCHEON, 1991, p. 47). Para exercer a paródia parece necessário, pois, certa afiliação ou alguma intimidade com aquilo que se vai parodiar e criticar. A paródia supõe, como afirma Judith Butler (1998/1999, p. 54), "entrar, ao mesmo tempo, numa relação de desejo e de ambivalência". Isso pode significar apropriar-se dos códigos ou das marcas daquele que se parodia para ser capaz de expô-los, de torná-los mais evidentes e, assim, subvertê-los, criticá-los e desconstruí-los. Por tudo isso, a paródia pode nos fazer repensar ou problematizar a ideia de originalidade ou de autenticidade – em muitos terrenos.

É exatamente nesse sentido que a figura da *drag* permite pensar sobre os gêneros e a sexualidade: ela permite questionar a essência ou a autenticidade dessas dimensões e refletir sobre seu caráter construído. A *drag queen* repete e subverte o feminino, utilizando e salientando os códigos culturais que marcam este gênero. Ao jogar e brincar com esses códigos, ao exagerá-los e exaltá-los, ela leva a perceber sua não-naturalidade. Sua figura estranha e insólita ajuda a lembrar que as formas como nos apresentamos enquanto sujeitos de gênero e de sexualidade são, sempre, formas inventadas e sancionadas pelas circunstâncias culturais em que vivemos. Os corpos considerados "normais" e "comuns" são, também, produzidos através de uma série de artefatos, acessórios, gestos e atitudes que uma sociedade arbitrariamente estabeleceu como adequados e legítimos. Todos nós nos valemos de artifícios e de signos para nos apresentarmos, para dizer quem somos e dizer quem são os outros.

Aqueles e aquelas que transgridem as fronteiras de gênero ou de sexualidade, que as atravessam ou que, de algum modo, embaralham e confundem os sinais considerados "próprios" de cada um desses territórios são marcados como sujeitos diferentes e desviantes. Tal como atravessadores ilegais de territórios, como migrantes clandestinos que escapam do lugar onde deveriam permanecer, esses sujeitos são tratados como infratores e devem sofrer penalidades. Acabam por ser punidos, de alguma forma, ou, na melhor das hipóteses, tornam-se alvo de correção. Possivelmente experimentarão o desprezo ou a subordinação. Provavelmente serão rotulados (e isolados) como "minorias". Talvez sejam suportados, desde que encontrem seus guetos e permaneçam circulando nesses espaços restritos. Já que não se ajustaram e desobedeceram as normas que regulam os gêneros e as sexualidades, são considerados transgressores e, então, desvalorizados e desacreditados. Uma série de estratégias e técnicas poderá ser acionada para recuperá-los: buscando curá-los, por serem doentes, ou salvá-los, por estarem em pecado; reeducando-os nos serviços especializados, por padecerem de "desordem" psicológica ou por pertencerem a famílias "desestruturadas"; reabilitando-os em espaços que os mantenham a salvo das "más companhias".

A coerência e a continuidade supostas entre sexo-gênero-sexualidade servem para sustentar a normatização da vida dos indivíduos e das sociedades. A forma "normal" de viver os gêneros aponta para a constituição da forma "normal" de família, a qual, por sua vez, se sustenta sobre a reprodução sexual e, consequentemente, sobre a heterossexualidade. É evidente o caráter político dessa premissa, na qual não há lugar para aqueles homens e mulheres que, de algum modo, perturbem a ordem ou dela escapem. Os custos cobrados desses sujeitos são altos. São-lhes impostos custos morais, políticos, materiais, sociais, econômicos, mesmo que hoje a desobediência e o desvio dessa ordem sejam mais visíveis e até mesmo mais "suportados" do que em outros momentos. Custos que vão além do seu não-reconhecimento cultural. Como lembra Judith Butler, são inúmeros os efeitos materiais e as privações civis que se articulam a esse não reconhecimento. A família sancionada pelo Estado exclui gays, lésbicas e trans. Como consequência, casais constituídos por sujeitos do mesmo sexo enfrentam imensas dificuldades de manter a guarda de filhos ou são sumariamente impedidos de adotar crianças; aos membros dessas famílias "ilegítimas" usualmente se nega o direito de receber herança do companheiro ou da companheira mortos ou de tomar decisões quando ele/ela enfrenta perigo de vida. Essas e outras privações precisariam ser compreendidas, como sugere Butler, como algo mais do que a mera circulação de atitudes culturais indignas, ou seja, como "uma operação específica da distribuição sexual e da reprodução dos direitos legais e econômicos" (BUTLER, 1998/1999, p. 56).

Definir alguém como homem ou mulher, como sujeito de gênero e de sexualidade significa, pois, necessariamente, nomeá-lo segundo as marcas distintivas de uma cultura – com todas as consequências que esse gesto acarreta: a atribuição de direitos ou deveres, privilégios ou desvantagens. Nomeados e classificados no interior de uma cultura, os corpos se fazem históricos e situados. Os corpos são "datados", ganham um valor que é sempre transitório e circunstancial. A significação que se lhes atribui é arbitrária, relacional e é, também, disputada. Para construir a materialidade dos corpos e, assim, garantir legitimidade aos sujeitos, normas regulatórias de gênero e de sexualidade precisam ser continuamente reiteradas e refeitas. Essas normas, como quaisquer outras, são invenções sociais. Sendo assim, como acontece com quaisquer outras normas, alguns sujeitos as repetem e reafirmam e outros delas buscam escapar. Todos esses movimentos, seja para se aproximar ou para se afastar das convenções, seja para reinventá-las ou subvertê-las, supõem investimentos, requerem esforços e implicam custos. Todos esses movimentos são tramados e funcionam através de redes de poder.

# Foucault e os estudos queer

Aproximar Foucault dos estudos queer pode soar estranho. Mas isso seria, de certa forma, o esperado, já que queer sempre faz pensar no estranho, no esquisito, no excêntrico. Queer parece ser algo que incomoda, que escapa das definições. O termo fica atenuado quando dito assim, em português. Provavelmente porque deixa escondido sua história de abjeção. Usado para indicar o que é incomum ou bizarro, o termo em inglês é, também, a expressão pejorativa atribuída a todo sujeito não-heterossexual. Equivaleria a "bicha", "viado", "sapatão". Um insulto que, repetido à exaustão, acabou sendo deslocado desse local desprezível, foi revertido e assumido, afirmativamente, por militantes e estudiosos. Ao se autodenominarem queer, eles e elas reiteraram sua disposição de viver a diferença ou viver na diferença. Foram e são homens e mulheres que recusam a normalização e a integração condescendente.

Queer passou a ser, então, mais do que o qualificativo genérico para gays, lésbicas, bissexuais, travestis, transgêneros de todas as colorações. A expressão ganhou força política e teórica e passou a designar um jeito transgressivo de estar no mundo e de pensar o mundo. Mais do que uma nova posição de sujeito, queer sugere um movimento, uma disposição. Supõe a não-acomodação, admite a ambiguidade, o não-lugar, o trânsito, o "estar-entre". Sugere fraturas na episteme dominante.

Como esse movimento pode se ligar a Foucault?

Alguns poderiam argumentar que Foucault está na origem do que veio a se chamar teoria ou estudos queer. Não faço essa afirmação. Entendo que a busca de origens ou princípios é pouco coerente quando se pretende discutir um campo teórico dito pós-estruturalista. Além disso, Foucault nunca pretendeu fundar qualquer teoria nem inaugurar nada. Mesmo com tais ressalvas, estou convencida de que o queer está enredado com o pensamento de Michel Foucault. As ideias do filósofo se constituem em uma das condições de possibilidade para a construção de um modo queer de ser e de pensar. É sobre algumas dessas ligações ou sobre esse "enredo" que me disponho a falar.

Por um lado, queer tem a ver com discussões e fraturas internas dos movimentos organizados das chamadas "minorias" sexuais, com dissensões em relação aos propósitos ou alvos prioritários dessas lutas. A política de identidades, ao mesmo tempo em que visibilizava e fortalecia os movimentos sexuais, também sugeria uma unidade que, para alguns/mas, se aparentava a uma nova forma de normatização. Por outro lado, queer se vincula a vertentes do pensamento contemporâneo que problematizam noções clássicas de sujeito, de identidade, de agência. Ao longo do século XX, teóricos de distintos campos ajudaram a descentrar ou a perturbar o sujeito racional, coerente e unificado; o sujeito senhor de si, aparentemente livre e capaz de traçar, com suas próprias mãos, o seu destino. Foucault foi um desses teóricos. Ele formulou questões novas, revirou verdades. A respeito da sexualidade, duvidou do suposto silêncio e repressão que a teriam cercado e afirmou que, em vez disso, essa era uma questão sobre a qual muito se falava e há muito tempo. Assumindo sua ótica, passamos a afirmar que a sexualidade era e é construída discursivamente.

O dispositivo da sexualidade vinha sendo construído pelos discursos da igreja, da psiquiatria, da sexologia, do direito, desde finais do século XIX. Tais discursos produziram classificações, dividiram indivíduos e práticas, criaram "espécies" e "tipos" e, simultaneamente, modos de controlar a sexualidade. Produziram sujeitos e corpos ou, para usar a contundência de Judith Butler, se constituíram (e continuam se constituindo) em discursos que "habitam os corpos", que passam a ser carregados pelos corpos "como parte de seu próprio sangue" (PRINS; MEIJER, 2002, p. 163). Conforme Foucault, o processo então desenvolvido acabou por possibilitar, também, a formação de um "discurso reverso", isto é, um discurso produzido a partir do lugar que tinha sido apontado como a sede da perversidade, como o lugar do desvio e da patologia: a homossexualidade. Mas, como lembra, oportunamente,

Tamsin Spargo (2017, p. 21) "a análise que Foucault faz [na *História da sexualidade*] das 'perpétuas espirais de poder e prazer' produzidas nos discursos da sexualidade não pode ser reduzida à oposição binária entre discurso e discurso reverso". Foucault nos convida a extrapolar tal polaridade, ao afirmar que vivemos uma proliferação e uma dispersão de discursos, bem como uma dispersão de sexualidades. Em suas palavras, "assistimos a uma explosão visível das sexualidades heréticas" (FOUCAULT, 1993, p. 48).

Na esteira dessas ideias, os estudos queer assumem o caráter discursivo da sexualidade e, seguindo Foucault (mas também Derrida), questionam binarismos de toda ordem. Assumem a dispersão e a multiplicidade; aclamam a "proliferação de prazeres" e a "multiplicação de sexualidades disparatadas" (FOUCAULT, 1993, p. 48); acolhem sujeitos e práticas que negam ou contrariam as normas regulatórias das sociedades.

Provavelmente são muitos os elementos dos escritos foucaultianos que se poderiam perceber enredados no movimento queer. Particularmente, me chamam atenção suas formulações e comentários sobre a resistência. Inúmeras vezes, Foucault falou sobre a resistência. Chegou mesmo a sugerir que ela poderia ser tomada como um ponto de partida ou como uma espécie de "catalisador químico, de forma a trazer à luz as relações de poder, localizar sua posição, encontrar seus pontos de aplicação e os métodos usados" (FOUCAULT, 1988).

A compreensão da resistência como intrínseca e não externa às relações de poder, uma resistência entranhada no tecido social, no cotidiano, no banal, combina com o queer. A insubordinação, o não-acomodamento, a recusa ao ajustamento são algumas das múltiplas formas que a resistência pode assumir. A paródia e o *camp*,[1] expressões de ironia e de uma estética distintas, podem representar, na pós-modernidade, um modo de resistir; podem se constituir em uma forma especial de crítica – aquela que se faz a partir de dentro ou por dentro. O exagero e a artificialidade desses movimentos desconstroem, eventualmente, figuras e práticas tidas como naturais; confrontam normas e valores; podem ter expressão política e se constituir num modo de recusar, de reagir e contestar. Foucault afirmava que a subversão ocorreria no interior das estruturas discursivas existentes. Esses movimentos parecem funcionar desse modo.

Linda Hutcheon, discutindo sobre a prática paródica na pós-modernidade, sugere que esta não se reduziria à "imitação ridicularizadora", mas poderia ser compreendida "como uma repetição com distância crítica que permite a indicação irônica da diferença no próprio âmago da semelhança" (HUTCHEON, 1991, p. 47). A estudiosa lembra que essa prática passou a ser popular entre artistas vinculados a grupos tradicionalmente postos à margem (negros, mulheres, minorias sexuais e étnicas) como uma espécie de "acerto de contas e uma reação de maneira crítica e criativa, em relação à cultura ainda predominantemente branca, heterossexual e masculina na qual se encontravam" (p. 58). A ironia e o humor carregam potencial subversivo e, muitas vezes, podem se mostrar como uma forma privilegiada de dizer o que, de outro modo, não pode ser dito.

É nesse contexto que trago a figura da *drag queen*, tão recorrente nos textos queer. Com seu exagero e exuberância de comportamento, gestos, trajes e acessórios, uma *drag queen* parodia a feminilidade. Nesse movimento, ao mesmo tempo em que incorpora, ela desafia o feminino e denuncia sua fabricação. Imitar um gênero pode ser uma forma de mostrar o caráter imitativo dos gêneros em geral; mais do que isso, pode ser um modo de desnaturalizar a ligação entre sexo e gênero que é, ordinariamente, tomada como natural. Paródias usualmente também põem em xeque noções de origem ou de originalidade. Será atrevimento ler resistência nessa figuração?

Judith Butler, uma das mais conhecidas teóricas queer, valeu-se de Foucault para construir alguns de seus argumentos. Sua leitura do filósofo é, como qualquer leitura, uma apropriação singular e uma intervenção. É Foucault que lhe permite, por exemplo, construir a noção de "normas regulatórias da sociedade", normas que, segundo Butler, supõem continuidade e consequência entre sexo, gênero e sexualidade (BUTLER, 1999). Essas normas regulatórias têm caráter performativo,[2] quer dizer, sua citação e repetição fazem acontecer, isto é, produzem aquilo que nomeiam. Uma lógica heteronormativa rege a sequência que presume que, ao nascer, um corpo deva ser designado como macho ou como fêmea, o que implicará, por conseguinte, assumir o gênero masculino ou feminino e, daí, expressar desejo por alguém de sexo/gênero oposto ao seu. Portanto, um corpo viável, ou melhor, um sujeito *pensável* está circunscrito aos contornos dessa sequência "normal". Uma vez que a lógica que sustenta esse processo é binária, torna-se insuportável (e impensável) a multiplicidade dos gêneros e das sexualidade. Aqueles e aquelas que escapam da sequência e das normas regulatórias arriscam-se, pois, no domínio da abjeção.

A figura da *drag* pode ser interpretada como crítica à naturalidade dessa sequência. Personagem estranha, ela, de algum modo, escapa ou desliza da ordem e da norma e, por isso, provoca desconforto, curiosidade e fascínio. Ela passa a existir como personagem quando se "monta", ou seja, quando, assumidamente, inventa sua aparência. É nesse momento que efetivamente a *drag* "incorpora", toma corpo. Escrevendo sobre ela, perguntei em outro texto: "De que material, traços, restos e vestígios ela se faz? Como se faz? Como fabrica seu corpo? Onde busca as referências para seus gestos, seu modo de ser e de estar? A quem imita? Que princípios ou normas 'cita' e repete? Onde os aprendeu?".[3] Àquelas perguntas, acrescento agora: Quando expõe as formas de montagem do gênero, a *drag* não torna evidentes, também, os "pontos de aplicação do poder", como dizia Foucault? Sua crítica paródica não nos ajuda a perceber por onde passa o poder ou como ele passa?

Em uma noção tradicional de poder, essas perguntas provavelmente não fariam sentido. Quando o poder é compreendido como algo que alguém possui e que é disputado por um outro que é dele despossuído, quando é compreendido como uma relação na qual há um dominante e um dominado, uma relação na qual um sujeito pode impor e proibir ações ou práticas a outro sujeito, estas questões não cabem. Mas Foucault promoveu uma reviravolta em tudo isso quando se dispôs a examinar a dinâmica do poder e afirmou que este funcionaria numa espécie de rede, exercido a partir de múltiplos pontos que, simultaneamente, também produziriam resistências. Reviravolta que, para além da repressão, acentuou o caráter produtivo e positivo do poder. Assumindo essa noção, faz sentido, então, pensar por onde se infiltra o poder, como ele se manifesta e as inúmeras respostas que incita.

Outras implicações podem ser contempladas. David Garcia lembra que "numa concepção na qual é a própria rede de relações de poder que produz os sujeitos" (como se dá na ótica de Foucault), "é necessário remeter-nos à dinâmica e à estruturação da rede e não à interioridade dos sujeitos ou a uma exterioridade independente da relação de poder" (GARCIA, 2005, p. 30). Então, menos do que tentar descobrir se a figura da *drag queen* pode ou não ser tomada como revolucionária, parece produtivo tomá-la como instância para pensar a dinâmica e o funcionamento do poder implicados na construção e na reprodução dos gêneros e das sexualidades. Não se trata de propor a figura como um eventual projeto ou modelo – isso não faria sentido numa ótica queer –, mas nela se reconhece potencial crítico e desconstrutivo da normatização/naturalização dos gêneros.

A normatividade dos gêneros está estreitamente articulada à manutenção da heterossexualidade. No entanto, a heterossexualidade não é um regime fechado em si mesmo, coerente e monolítico, pelo menos não é assim tomado no âmbito dos estudos queer (cf. GARCIA, 2005).

Em vez disso, entende-se que esse regime (como qualquer outro) tem fissuras e incoerências. Na sustentação desse argumento, ganha peso a noção de resistência formulada por Foucault, uma vez que ela admite que a subversão é feita a partir da norma, ocorre no próprio interior da norma. Sendo assim, entendo que se poderia dizer que é precisamente a necessidade de repetição ou de reiteração da heterossexualidade que fornece as condições para que se articulem práticas de resistência. Na medida em que se considera o regime da sexualidade como "efeito de uma multiplicidade de práticas, de uma dispersão de pontos de dominação e de resistência", como diz Garcia (2005, p. 45), pode-se supor algumas consequências políticas. A resistência não será mais procurada apenas naqueles espaços explicitamente articulados como políticos. Por certo não se negará a importância de espaços ou movimentos que, declaradamente, se colocam no contraponto da imposição das normas heterossexuais, mas se passará a observar, também, outras práticas e gestos (ensaiados de outros tantos pontos) como capazes de se constituir em políticas de resistência. Garcia afirma que

> já não nos encontramos na dicotomia liberacionista entre alienação (falsa consciência) e liberação (conscientização política). A resistência se dará em lugares múltiplos e de forma nem sempre intencional e consciente. Os pontos de subversão do sistema do regime (hetero)sexual estarão dispersos por todo o espaço delimitado por este regime (2005, p. 45).

Quero acentuar a potencialidade política dessa perspectiva e, também, a oxigenação que ela parece trazer às representações irremediavelmente pessimistas da sociedade. Na medida em que se assume que o contraponto aos discursos dominantes pode ser (e é) exercido a partir de múltiplos espaços e práticas, parece razoável supor que outros ou que mais sujeitos intentam formas de resistir e de contestar. Formas talvez menos espetaculares ou menos visíveis, mas (quem sabe?) igualmente produtivas.

É possível supor também que, hoje, se questione o campo da sexualidade de outros modos. Já não se coloca como imperativo, pelo menos para alguns, descobrir as causas dos desvios da heterossexualidade, mas, em vez disso, examinar os discursos que permitiram que essa forma de sexualidade fosse tomada como natural, ou melhor, examinar os discursos que fizeram com que essa se constituísse numa verdade única e universal. Consequentemente, os olhares se voltarão, também, para os processos que silenciaram outros discursos e empurraram outras formas de sexualidade para o lugar ilegítimo, não-natural e inaceitável.

Para além do questionamento da heteronormatividade, se passa a questionar a "produção/maquinação de uma homonormatividade", como diz Fernando Pocahy (2008), ou seja, a produção de uma norma homossexual, capaz de alienar outras formas de sexualidade. A polarização constituída pela hetero/homonormatividade passa a ser desconstruida e desestabilizada. Há quem afirme que a desconstrução pode ser entendida como um terremoto que, muitas vezes, se desencadeia a partir da menor rachadura, é capaz de acontecer no mais leve tremor. Não se pode esquecer que rachaduras quase imperceptíveis podem se desdobrar ou se alargar profundamente e produzir efeitos inimagináveis. A desconstrução envolve, pois, atenção ao menor detalhe. E aqui mais uma vez parece que se impõe a lembrança de Foucault. Ele, mais do que outros, nos sugeriu prestar atenção aos detalhes, às práticas, palavras, coisas aparentemente banais e pouco importantes que, discretamente, enredam e constituem sujeitos. Ele nos ofereceu, como diz Ewald, uma "mudança de perspectiva", lembrando das "ninharias, o grão do poder" (1993, p. 27).

Foucault afirmava que os conhecimentos "manifestam uma história que não é a de sua perfeição crescente, mas, antes, a de suas condições de possibilidades" (1995, p. 11). Portanto, há sujeitos e práticas que podem ser pensados no interior de uma cultura e outros que são impensáveis por não se enquadrarem na lógica ou no quadro admissíveis àquela cultura, naquele momento. No campo da sexualidade, tradicionalmente se opera numa lógica binária. Para além dela, parece insuportável pensar em sujeitos ou práticas, em experiências ou saberes. Mas este parece ser precisamente o desafio e o convite do movimento queer: transgredir a lógica estabelecida, pensar o impensável, admitir o insuportável, atravessar limites. Enredados, ainda, com Foucault, buscar fissuras na episteme dominante e ousar ir além.

## Notas

Publicado no livro *Para uma vida não-fascista*, organizado por Margareth Rago e Alfredo Veiga-Neto. Belo Horizonte: Autêntica, 2009.

1. Difícil de definir ou mesmo de descrever (como afirma Susan Sontag em seu "clássico" artigo "Notes on camp"), o *camp* é usualmente relacionado ao exagero, à afetação, a uma estética especial que ironiza ou ridiculariza o que é dominante. Denilson Lopes afirma que "como comportamento, o *camp* pode ser comparado à fechação, à atitude exagerada de certos homossexuais, ou simplesmente à afetação. Já como questão estética, o *camp* estaria mais na esfera do brega assumido, sem culpas, tão presente nos exageros de muitos dos ícones da MPB..." (2002, p. 98).
2. Butler traz uma contribuição própria ao conceito de performatividade, originalmente do âmbito da teoria literária, cunhado por J. Austin. Apoiando-se neste teórico e também nos questionamentos e formulações que Jacques Derrida acrescenta ao conceito, Butler estende-o para o gênero e a sexualidade, argumentando que estes últimos são resultantes de atos ou enunciados performativos. Em suas palavras, "as normas regulatórias do 'sexo' trabalham de uma forma performativa para constituir a materialidade dos corpos e, mais especificamente, para materializar o sexo do corpo, para materializar a diferença sexual a serviço da consolidação do imperativo heterossexual" (BUTLER, 1999, p. 154).
3. Referência ao capítulo "Viajantes pós-modernos", deste livro.

# O estranhamento queer

Estranhar, diz o *Dicionário Houaiss*, significa "admirar-se, surpreender-se em função de desconhecimento, por não achar natural, por perceber (alguém ou algo) diferente do que se conhece ou do que seria de esperar". O estranhamento pode estar associado ao espanto e ao desconforto; o estranhamento pode sugerir, eventualmente, repulsa. O desconhecido incomoda, desestabiliza, desarranja.

Um pouco (ou muito) de tudo isso parece estar implicado num movimento e numa teoria que, quase ao final dos anos 1990, emergiram a partir dos movimentos e estudos gays e lésbicos.

É possível dizer que tudo começou com alguns ativistas e intelectuais ligados às chamadas sexualidades "diferentes" que se mostravam descontentes com o disciplinamento e a normatização que pareciam vir de todos os lados. Eles e elas se anunciavam queer e resolviam proclamar sua indisciplina, sua disposição antinormalizadora.

Diziam (ou pareciam dizer): "Pouco nos importa se nos qualificam como estranhos, se nos chamam de "viados", "bichas", "sapatões". É isto mesmo que queremos ser; é assim mesmo que queremos nos mostrar. Não se preocupem em nos integrar. Abaixo sua tolerância paternalista e benevolente! Nós a dispensamos. Não precisamos de sua indulgência".

A expressão, repetida como xingamento ao longo dos anos, pode ser lida como num enunciado performativo que fez e faz existir aqueles e aquelas a quem nomeia. Performativamente, instituiu a posição marginalizada e execrada. Virtualmente indesejada. No entanto, virando a mesa e revertendo o jogo, alguns assumiram o queer, orgulhosa e afirmativamente, buscando marcar uma posição que, paradoxalmente, não se pretende fixar. Talvez mais apropriadamente, buscando uma disposição, um jeito de estar e de ser. Mais do que uma nova posição de sujeito ou um lugar social estabelecido, queer indica um movimento, uma inclinação. Supõe a não-acomodação, admite a ambiguidade, o não-lugar, o trânsito, o estar-entre. Portanto, mais do que uma identidade, queer sinaliza uma disposição ou um modo de ser e de viver.

É verdade que, num primeiro momento, o termo funcionou como uma espécie de expressão guarda-chuva que servia para acomodar todos os desviantes da sexualidade "normal": lésbicas, gays, travestis, bissexuais, transgêneros, *drag queens* e *kings*, etc. Uma expressão que reunia o conjunto dos excluídos da posição sexual dominante, a heterossexualidade. No entanto, no interior mesmo dos grupos chamados minoritários, construíam-se divisões, experimentavam-se fraturas. A política de identidade então empreendida também acabava por fixar, de algum modo, uma identidade gay ou uma identidade lésbica. Construía-se uma representação do sujeito homossexual que se proclamava mais "legítima" do que outras. Aos poucos, faziam-se notar "diferenças" entre os já "diferentes".

A extensão, para todos, dos direitos e condições sociais que historicamente haviam sido privilégios de uns poucos — os homens brancos heterossexuais — era meta importante da política afirmativa. A luta por partilhar de todos os espaços e instâncias sociais mostrava-se inadiável. Essa luta, contudo, parecia por vezes deixar de lado a crítica mais contundente aos arranjos, às leis e às instituições reguladores da sociedade. A inclusão impunha-se como valor maior. Mas, perguntavam alguns, valeria a pena integrar-se a tais instituições? Esses espaços que vedavam o ingresso dos "desviantes" e "diferentes" não teriam de ser, antes de tudo, questionados ou desprezados? Fazia sentido entrar em tal ordem social? Tornar-se respeitável, normal?

Nessas questões colocam-se elementos significativos para um entendimento mais político e radical do movimento e da teoria queer. A expressão indica o espaço da diferença que não quer ser integrada. Queer seriam sujeitos e práticas que se colocam contra a normatização venha de onde vier, ou seja, contra a evidente normatização da chamada sociedade "mais ampla" e contra a normatização que se faz no contexto das lutas afirmativas das identidades minoritárias.

No campo propriamente teórico, o pensamento segue direção semelhante ao movimento social: os/as intelectuais queer se mostram mais desconstrutivos do que propriamente propositivos. Desses teóricos e teóricas, não seria muito razoável imaginar a formulação de um corpo organizado de enunciados ou um conjunto de ideias mais ou menos homogêneas. Em lugar disso, o debate, a provocação mútua. Num sentido bem tradicional, talvez a palavra "teoria" não seja apropriada, mas a expressão se consagrou. Os estudiosos e estudiosas queer aproximam-se, de modo geral, das vertentes pós-estruturalistas. E ainda que suas recorrências a Lacan, a Foucault, a Derrida nem sempre sejam harmoniosas, parece possível identificar-lhes uma postura política mais ou menos afinada, talvez difícil de caracterizar por palavras precisas, mas que remete à inconformidade, ao desassossego. O pensamento dicotômico tradicional e a heteronormatividade compulsória da sociedade são alvos recorrentes de seus questionamentos e de suas análises desconstrutivas.

Somos cientes do quanto nossas sociedades supõem e reiteram um alinhamento "normal" e coerente entre sexo-gênero-sexualidade. As normas sociais regulatórias pretendem que um corpo, ao ser identificado como macho ou como fêmea, determine, necessariamente, um gênero (masculino ou feminino) e conduza a uma única forma de desejo (que deve se dirigir ao sexo/gênero oposto). O processo de heteronormatividade, ou seja, a produção e a reiteração compulsórias da norma heterossexual inscrevem-se nessa lógica, supondo a manutenção da continuidade e da coerência entre sexo-gênero-sexualidade. É binária a lógica que dá as diretrizes e os limites para se pensar os sujeitos e as práticas. Fora dessse binarismo, situa-se o impensável, o ininteligível.

O processo de heteronormatividade sustenta e justifica instituições e sistemas educacionais, jurídicos, de saúde e tantos outros. É à imagem e semelhança dos sujeitos heterossexuais que se constroem e se mantém esses sistemas e instituições – daí que são esses os sujeitos efetivamente qualificados para usufruir de seus serviços e para receber os benefícios do Estado. Os outros sujeitos, aqueles que fogem à norma, podem ser, eventualmente, reeducados ou reformados (numa ótica de tolerância e complacência); ou talvez sejam relegados a um segundo plano e devam se contentar com recursos alternativos, inferiores; quando não são simplesmente excluídos, ignorados ou mesmo punidos. A heteronormatividade justifica tais arranjos sociais; justifica conhecimentos, práticas, jogos de saber-poder. Portanto, desconstruir sua lógica, demonstrar a fabricação histórica de tal processo e as manobras constantemente empreendidas para reiterá-lo pode contribuir para desmontá-lo. A "proliferação e a dispersão das sexualidades", bem como a "dispersão dos discursos", anunciadas por Foucault (1993), servem para perturbar e para estranhar essa suposta ordem.

Por certo vivemos num tempo em que os binarismos de gênero e de sexualidade são insuficientes para dizer dos sujeitos e das práticas contemporâneas, num tempo em que o trânsito entre essas fronteiras se faz mais visível, num tempo em que alguns embaralham, deliberadamente, signos e códigos femininos e masculinos, heterossexuais e homossexuais, e escolhem viver na própria fronteira. Hoje a ambiguidade se expõe de modo mais afirmativo, pelo menos em alguns espaços. O estranhamento, no entanto, persiste.

Para além dessa multiplicidade de sujeitos e práticas há um potencial político na disposição antinormalizadora do movimento e dos estudos queer que merece ser explorado. É possível pensar o queer para além da sexualidade.

Vários teóricos e teóricas sugerem a produtividade do deslizamento do terreno da sexualidade para outros terrenos, convencidos, como diz Eve Segdwick (1995, p. 245), de que "a linguagem da sexualidade [...] não apenas se intersecta com outras linguagens e relações pelas quais nós conhecemos, mas as transforma". Efetivamente, desde suas primeiras manifestações, os estudos e o movimento queer mostraram seu potencial subversivo. Há "uma promessa política no termo queer", afirmam David Eng e outros estudiosos. Essa promessa reside exatamente em seu potencial de ampla crítica aos múltiplos antagonismos da sociedade. Tal como sugerem, é possível entender "o queer como uma metáfora sem um referente fixo" (ENG et al., 2005, p. 1). Tudo parece contribuir para que se reafirme a produtividade de se compreender o queer como uma disposição, um modo de ser, e, consequentemente, um modo de pensar e de conhecer. Uma disposição para o questionamento e a inquietude, um estranhamento de tudo ou de qualquer sujeito ou prática que se represente (ou se apresente como) "normal", "natural" e incontestável. O estranhamento queer pode ser instigante para se pensar a cultura, a sociedade, para pensar o próprio pensamento.

A sexualidade não se constitui num campo externo a outros modos de diferença, como as de raça, etnicidade, nacionalidade, religião ou classe. Se compreendermos a normalização (no seu sentido mais amplo) como o lugar da violência social, admitiremos que todos esses campos (e ainda outros) podem se valer, produtivamente, das perturbações e da subversão queer. Sabemos que é impossível identificar quem enuncia uma norma: a norma acontece, ela se espalha por toda parte e costuma penetrar em todos. É da "natureza" da norma essa espécie de invisibilidade e de ubiquidade, uma generalização e uma propagação intensa, anônima e insidiosa. Uma disposição antinormalizadora nos incitará a tentar perceber por onde o processo de normalização passa, por onde se infiltra e como se infiltra. Isso pode significar desnaturalizar e, então, desconstruir tal processo.

A lógica binária que subjaz à compreensão dos sujeitos e práticas sexuais sustenta, do mesmo modo, outros campos do conhecimento e da cultura. A verdade e a mentira, o conhecimento e a ignorância, o belo e o grotesco não poderiam se mostrar, tal como as sexualidades, misturados? Sua mútua dependência, não nos permite embaralhá-los? Deborah Britzman diz que "qualquer conhecimento já contém suas próprias ignorâncias" e segue, afirmando que se poderia "pensar a ignorância não como um acidente do destino, mas como um resíduo do conhecimento" (BRITZMAN, 1996, p. 91).

Efetivamente, nossas questões e o conhecimento que delas emerge apoiam-se numa lógica que, na medida em que dá os contornos do que é possível conhecer, determina o que deve permanecer desconhecido ou ignorado. A ignorância não acontece ao acaso, ela está, de algum modo, inscrita no próprio conhecimento.

Se já perturbamos o binarismo da sexualidade, não seria possível expandir ou borrar os limites de outros binarismos? Perturbar a polaridade entre a verdade e a mentira, o belo e o grotesco? Haverá, efetivamente, uma única verdade? Ou as verdades serão múltiplas? É possível conviver com a pluralidade das verdades? Pode o grotesco ser, também, estranhamente belo? Quem diz desses limites? Quem está autorizado a proclamar a verdade ou a atribuir a beleza?

Os sujeitos "descontínuos" e "incoerentes", como diz Butler (1999), ou seja, aqueles que não se conformam às normas de inteligibilidade cultural pelas quais deveriam ser definidos nos fazem pensar para além de suas práticas e identidades sexuais. Descontinuidade e incoerência não são, necessariamente, um mal que deve ser evitado a qualquer custo. Em vez disso, podem se expressar como uma disposição para pensar além do que usualmente se é capaz de pensar; podem nos levar a questionar e romper os limites do pensável em muitos espaços, em múltiplos domínios. Talvez seja produtivo desconfiar do estabelecido, do pensamento muito bem arranjado e absolutamente coerente, talvez se deva suspeitar das coisas e dos sujeitos demasiadamente respeitáveis e intocáveis. Talvez se deva estranhar, sempre.

## Nota

Publicado no livro *A construção dos corpos: perspectivas feministas*, organizado por Cristina M. T. Stevens e Tania Navarro Swain. Florianópolis: Ed. Mulheres, 2008. Publicado também na revista online *Labrys, Estudos Feministas*, jan./jun. 2007. Disponível em: <https://goo.gl/DG77r7>.

# Referências

## Livros e escritos

BRAIDOTTI, Rosi. Diferença, Diversidade e Subjetividade Nômade. Trad. Roberta Barbosa. *Labrys, estudos feministas,* n. 1-2, jul./dez. 2002. Disponível em: <https://goo.gl/jiS8Wr>.

BRITZMAN, Deborah. O que é esta coisa chamada amor – identidade homossexual, educação e currículo. Trad. Tomaz Tadeu da Silva. *Educação e Realidade,* v. 21, n. 1, jan./jun. 1996, p. 71-96.

BUTLER, Judith. *Gender Trouble. Feminism and Subersion of Identity.* Nova York: Routledge, 1990.

BUTLER, Judith. *Bodies that matter. On the discursive limits of sex.* Nova York: Routledge, 1993.

BUTLER, Judith. Meramente cultural. Trad. Alicia de Santos. *El Rodaballo.* Buenos Aires: Ano V, n. 9, 1998/1999. p. 53-58.

BUTLER, Judith. Corpos que pesam: sobre os limites discursivos do "sexo". In: LOURO, Guacira Lopes (Org.). *O corpo educado: pedagogias da sexualidade.* Trad. Tomaz Tadeu da Silva. Belo Horizonte: Autêntica, 1999. p. 151-172.

CLIFFORD, James. *Routes. Travel and translation in the late twentieth century.* Londres, Harvard University Press, 1997.

CONNELL, Robert. Políticas da masculinidade. Trad. Tomaz Tadeu da Silva. *Educação e Realidade,* v. 20. p. 185-206.

COSTA, Cláudia de Lima. As publicações feministas e a política transnacional da tradução: reflexões do campo. *Revista de Estudos Feministas,* v. 11, n. 1, jan./jul. 2003, p. 254-264.

DELEUZE, Gilles; PARNET, Claire. *Diálogos.* Trad. Eloísa Araújo Ribeiro. São Paulo: Escuta, 1998.

DERRIDA, Jacques. *Margens da filosofia.* Trad. Joaquim Torres Costa e António M. Magalhães. Porto: Rés-Editora, 1986.

ENG, David; HALBERSTAM, Judith; MUÑOZ, Esteban. What's queer about queer studies now? *Social Text,* v. 23, n. 3-4, 2005. p. 1-17.

EPSTEIN, Debbie; JOHNSON, Richard. *Schooling Sexualities.* Buckinghan: Open University Press, 1998.

EWALD, François. *Foucault a norma e o direito.* Trad. António Fernando Cascais. Lisboa: Vega, 1993.

FISCHER, Luiz Augusto. *Dicionário de Porto-Alegrês.* Porto Alegre: Artes e Ofícios, 1999.

FOUCAULT, Michel. *A história da sexualidade 1: a vontade de saber.* Trad. Maria Thereza da Costa Albuquerque e J. A. Guilhon Albuquerque. 11ª ed. Rio de Janeiro: Graal, 1993.

FOUCAULT, Michel. *As palavras e as coisas.* Trad. Salma Tannus Muchail. São Paulo: Martins Fontes, 1995.

FOUCAULT, Michel. El sujeto y el poder. *Revista Mexicana de Sociología,* v. 50, n. 3, Jul./Sep. 1988, p. 3-20. Disponível em: <https://goo.gl/cCeCGi>.

GARCIA, David Córdoba. Teoria queer: reflexiones sobre sexo, sexualidad e identidad hacia uma politización de la sexualidad. In: CÓRDOBA, David; SÁEZ, Javier; VIDARTE, Paco (Orgs.). *Teoria Queer. Políticas Bolleras, maricas, trans, mestizas.* Barcelona e Madrid: Editorial Egales, 2005. p. 21-66.

HUTCHEON, Linda. *Poética do pós-modernismo.* Trad. Jayme Salomão. Rio de Janeiro: Imago, 1991.

JAGOSE, Annamarie. Queer *Theory. An introduction*. New York: New York University Press, 1996.

JOHNSON, Barbara. Excerto de *The Critical Difference* (1981). Disponível em: <https://goo.gl/EjdAPU>.

LA GANDHI ARGENTINA. Editorial. Ano 2, n. 3, nov. 1998.

LAQUEUR, Thomas. *Making sex. Body and gender from greeks to Freud*. Cambridge e Londres: Harvard University Press, 1990.

LARRAURI, Maite. *La sexualidad según Michel Foucault*. Valencia. Tandem, 2000.

LARROSA, Jorge. *La experiência de la lectura. Estúdios sobre literatura y formación*. Barcelona: Editorial Laertes, 1996.

LARROSA, Jorge. *Pedagogia Profana. Danças, piruetas e mascaradas*. Trad. Alfredo Veiga-Neto. Porto Alegre: Contrabando, 1998.

LARROSA, Jorge. *Nietzsche & a Educação*. Trad. Semíramis Gorini da Veiga. Belo Horizonte: Autêntica, 2002.

LOPES, Denilson. *O homem que amava rapazes*. Rio de Janeiro: Astroplano, 2002.

LOURO, Guacira. Teoria Queer: uma política pós-identitária para a Educação. *Revista de Estudos Feministas*, v. 9, n. 2, 2001, p. 541-553.

LOURO, Guacira. O "estranhamento" queer. In: STEVENS, Cristina; SWAIN, Tania Navarro (Orgs.). *A construção dos corpos: perspectivas feministas*. Florianópolis: Ed. Mulheres, 2008. p. 141-148.

LOURO, Guacira. O "estranhamento" queer. *Labrys Estudos Feministas*, jan./jun. 2007. Disponível em: <https://goo.gl/DG77r7>.

LOURO, Guacira. Foucault e os estudos queer. In: RAGO, Margareth; VEIGA-NETO, Alfredo (Orgs.). *Para uma vida não--fascista*. Belo Horizonte: Autêntica, 2009. p. 135-142.

LUHMANN, Suzanne. Queering/Querying Pedagogy? Or, Pedagogy is a pretty queer thing" In: PINAR, William F. (Org.).

*Queer Theory in Education.* New Jersey e Londres: Lawrence Erlbaum Associates, Publishers, 1998. p. 141-156.

MALUF, Sônia. Corporalidade e desejo: Tudo sobre minha mãe e o gênero na margem". *Revista Estudos Feministas,* v. 10, n. 1, 2002, p. 143-153.

MATOS, Olgária. A triste utopia. *Rumos. Os caminhos do Brasil em debate,* ano I, n. 1, dez. 98/jan. 99, p. 20-27.

NICHOLSON, Linda. Interpretando o gênero. Trad. Luiz Felipe Guimarães Soares. *Revista Estudos Feministas,* v. 8, n. 2, 2000, p. 9-41.

OLIVEIRA, Pedro Paulo. Discursos sobre a masculinidade. *Revista de Estudos Feministas*, v. 6, n. 1, 1998, p. 91-112.

PINAR, William. Introduction. In: PINAR, William (Org.). Queer *Theory in Education.* New Jersey e Londres: Lawrence Erlabaum Associates Publishers, 1998. p. 1-47.

POCAHY, Fernando. Marcas do poder: o corpo (do) velho-homossexual nas tramas da hetero e da homonormatividade. *Fazendo Gênero 8.* Florianópolis, 2008. Disponível em: <https://goo.gl/oTUq1r>.

PRINS, Baukje; MEIJER, Irene. Como os corpos se tornam matéria: entrevista com Judith Butler. Trad. Susana Bornéo Funck. *Revista Estudos Feministas,* v. 10, n. 1, 2002. p.155-167.

RAGO, Margareth. Os feminismos no Brasil: dos "anos de chumbo" à era global. *Labrys,estudos feministas*, n. 3, jan./jul. 2003. Disponível em: <https://goo.gl/xn57CP>.

SALIH, Sara. *Judith Butler e a teoria* queer. Tradução Guacira Lopes Louro. Belo Horizonte: Autêntica, 2012.

SCHMIDT, Simone Pereira. O feminismo nas páginas dos jornais: revisitando o Brasil dos anos 70 aos 90. *Revista de Estudos Feministas,* v., 8, n. 2) 2000. p. 77-89.

SEDGWICK, Eve. Axiomatic. In: DURING, Simon (Org.). *The Cultural Studies Reader.* Londres e Nova York: Routledge, 1993. p. 243-268.

SEIDMAN, Steven. Deconstructing Queer Theory or the Under-Theorization of the Social and the Ethical. In: NICHOLSON, Linda; SEIDMAN, Steven. (Orgs.). *Social Postmodernism: Beyond identity politics*. Cambridge: Cambridge University Press, 1995. p. 116-141.

SILVA, Tomaz Tadeu da. *Documentos de identidade: uma introdução às teorias do currículo*. Belo Horizonte: Autêntica, 1999.

SPARGO, Tamsin. *Foucault and Queer Theory*. Nova York: Totem Books, 1999.

SPARGO, Tamsin. *Foucault e a teoria queer*. Tradução Heci Regina Candiani. Belo Horizonte: Autêntica, 2017.

TIERNEY, William; DILLEY, Patrick. Constructing Knowledge: Educational Research and Gay and Lesbian Studies. In: PINAR, William (Org.). *Queer Theory in Education*. New Jersey e Londres: Lawrence Erlabaum Associates Publishers, 1998. p. 49-71.

TREVISAN, João Silvério. *Devassos no paraíso: a homossexualidade no Brasil, da colônia à atualidade*. 3. ed. Rio de Janeiro e São Paulo: Editora Record, 2000.

VENCATO, Anna Paula. *Fervendo com as drags: corporalidades e performances de drag queens em territórios gays da Ilha de Santa Catarina*. Dissertação (Mestrado em Antropologia) Programa de Pós-graduação em Antropologia Social. UFSC, 2002.

WEEKS, Jeffrey. O corpo e a sexualidade. In: LOURO, Guacira (Org.). *O corpo educado*. Belo Horizonte: Autêntica, 1999. p. 35-82.

## Filmes

*Bye, bye Brasil*. Direção: Cacá Diegues. Brasil, 1978

*Deus é brasileiro*. Direção: Cacá Diegues. Brasil, 2002.

*Tudo sobre minha mãe*. Direção: Pedro Almodóvar. Espanha, 1999.

Este livro foi composto com tipografia Bembo Std e impresso
em papel Off-White 70 g/m² na Formato Artes Gráficas.